MASCHA KAUKA

Aufläufe, Gratins und Soufflés

Weltbild

Impressum

Konzeption, Redaktion und Rezepte:
Mascha Kauka, Moosburg
Ingeborg Pils, München
Dipl. oec. troph. Andrea Brenner

© 1998 Fotos
Hans Döring, München
Károly Hemzö, Budapest
und RV-Officin
M. Pohl Verlag GmbH & Co., Moosburg

Umschlaggestaltung und Layout:
H.S. Medien GmbH, Helma Strobel, Starnberg

Lithoarbeiten:
Kaltner Media GmbH, Bobingen

Druck und Bindearbeit:
Appl, Wemding

Printed in Germany

ISBN 3-89604-260-2

MASCHA KAUKA

Aufläufe, Gratins und Soufflés

Weltbild

Inhaltsverzeichnis

6
Vorwort

8
Der heisse Teller

28
Aufläufe für die ganze Familie

66

Klassische Gratins und Neues mit Kruste

98

Quiches und Tartes

120

Soufflés und Co.

144

Rezeptverzeichnis

Vorwort

Gut in Form

Auflauf, der Eintopf aus der Röhre, ist bei allen beliebt: bei Anfängern, weil die Planung einfach ist, ebenso wie bei Könnern, die mit wenig Mühe raffinierte Gerichte in der Form zubereiten, oder bei Eiligen, die schon morgens den Backofen programmieren, um bei der Rückkehr das Essen fertig vorzufinden. Ob süß oder pikant, Aufläufe machen satt, sind immer lecker, immer appetitlich und immer gut in Form.

Auflauf, Gratin und Soufflé

Eigentlich weiß ja jeder, was ein Auflauf ist, und trotzdem lässt sich eine genaue Definition gar nicht so leicht finden. Verschiedene Zutaten, so viel ist klar, die in einer offenen Form im Ofen gebacken werden, ähneln mal einem Soufflé, mal einem Gratin. Die Franzosen begnügen sich mit diesen Bezeichnungen. Was hierzulande ein Auflauf ist, wird von ihnen einer der beiden Kategorien zugeschlagen.

Bei uns sind die Begriffe enger gefasst. „Soufflé" bezeichnet jene voluminösen, dabei hauchzarten Gebilde mit viel Eischnee, die nach dem Backen so leicht zusammenfallen. Ein „Gratin" ist für uns etwas Überbackenes, das heißt, der Akzent liegt auf der Kruste.

Sagen wir so: Ein Auflauf besteht aus einer Masse, die recht homogen sein kann, oder sich aus verschiedenen festen Bestandteilen zusammensetzt und beim Backen aufläuft, also stockt. Soufflé und Gratin können als Sonderformen des Auflaufs angesehen werden, wobei die Grenzen dazwischen ohnehin fließend sind.

Damit's aufläuft, werden die Grundzutaten wie Gemüse, Fleisch, Nudeln, Obst, Quark und so weiter mit Milch oder Sahne, Béchamelsauce, Käse und jedenfalls mit vielen Eiern übergossen. Dadurch verbinden sich diese Zutaten miteinander, und die ganze Sache bekommt Stand.

Wird die Auflauf- oder Gratinmasse auf einen Teigboden gehäuft und gebacken, so entstehen die beliebten Tartes und Quiches.

Ganz neu in dieser Familie und erstmals als eigenes Kapitel in einem Kochbuch sind die praktischen Tellergratins, ein heißer Hit besonders für 1 bis 2 Personen.

Parfait und Pudding, heiß gebadet

Für viele ist ein Parfait ein Sahneeis und ein Pudding das angerührte Pulver aus der Tüte. Ursprünglich und in der Küchensprache ist ein Parfait auch jede pürierte und im Wasserbad gegarte Masse aus Gemüse, Fleisch oder Fisch, eigentlich eine Terrine, die allerdings häufig in Portionsförmchen zubereitet wird.

Der Pudding, in einer geschlossenen Form ebenfalls im Wasserbad gegart, hat vor allem in England große Tradition. Er kann sowohl ein herzhaftes Hauptgericht sein als auch ein flaumig-zartes Dessert.

Wer nennt die Namen, kennt die Formen,
weiß schon, was in ihnen steckt?
Wirklich wichtig für uns alle
ist doch nur, dass es gut schmeckt!

Der heiße Teller

Tipp

Vor dem Aufheizen des Backofens den Rost herausnehmen. Die vorbereiteten Teller auf den kalten Rost setzen und in den Backofen schieben. Selbst feuerfeste Teller sind so besser vor dem Platzen geschützt!

Tellergratin mit Seeteufel und Garnelen

einfach, Blitzrezept
2 Portionen

- 350 g Seeteufel am Stück
- 4 rohe Garnelenschwänze
- Salz
- 4 EL Öl
- 1 Knoblauchzehe
- 2 kleine rote Chilischoten
- 20 g Pinienkerne

Den Seeteufel waschen und trockentupfen. Den Fisch gut parieren (alle Häute und Sehnen abschneiden). Die beiden Filets von der Mittelgräte lösen und in etwa 4 mm dicke Scheiben aufschneiden.

Die Garnelen der Länge nach vom Rücken bis zum Bauchpanzer einschneiden und auseinander klappen. Den Darm entfernen. Fisch und Garnelen schwach salzen.

2 feuerfeste Teller mit Öl bestreichen. Die Knoblauchzehe abziehen und pressen. Die Chilischoten entkernen und fein hacken. Das restliche Öl mit Knoblauch und Chili verrühren.

Fisch und Garnelen auf den Tellern dekorativ anrichten, mit dem Würzöl bestreichen und mit den Pinienkernen bestreuen.

Die Teller auf den kalten Rost setzen und in die 2. Schiene von oben in den vorgeheizten Backofen schieben. Bei 275 °C 5 bis 6 Minuten backen.

Möglichst heiß servieren.

Als Beilage passen Kartoffelrosetten, die gleich mitgebacken werden können. Siehe Rezept Seite 11.

Nährwerte pro Portion
Kilokalorien 440, Kilojoule 1860, Eiweiß/g 37, Kohlenhydrate/g 2, Fett/g 32, Ballaststoffe/g 1

Gebackene Steinpilze

einfach, Blitzrezept
2 Portionen

- 400 g große Steinpilzkappen (2–4 Stück)
- Olivenöl oder Butter für die Formen und zum Beträufeln
- 1 Bund glatte Petersilie
- 2 Knoblauchzehen
- Salz
- frisch gemahlener schwarzer Pfeffer

Den Backofen auf 200 °C vorheizen. Backpapier auf den Rost im Ofen legen. Die Steinpilze putzen, in den Ofen legen und mehrere Minuten wenden, bis sie heiß sind.

Die Kappen im Ganzen oder in dicke Scheiben geschnitten in gefettete, feuerfeste Förmchen legen.

Die Petersilie waschen und trockenschütteln. Den Knoblauch abziehen. Beides fein hacken und über die Pilze streuen. Salzen und pfeffern, mit Öl oder geklärter Butter beträufeln. Etwa 10 Minuten im vorgeheizten Backofen auf der 2. Schiene von oben garen.

Sofort servieren.

Nährwerte pro Portion
Kilokalorien 170, Kilojoule 700, Eiweiß/g 6, Kohlenhydrate/g 11, Fett/g 11, Ballaststoffe/g 5

Die Kartoffelrosetten sind eine attraktive Beilage für jedes edle Gericht, bei dem Kartoffeln nicht zum Sattessen gedacht sind.

Kartoffelrosetten

einfach, Blitzrezept
4 Portionen

- 8 kleine ovale Kartoffeln, vorwiegend fest kochend
- Öl
- Salz

Am besten gelingen die Rosetten, wenn die Kartoffeln nicht länger als 6 cm sind und sich an den Enden verjüngen.

Die Kartoffeln waschen und in der Mitte quer halbieren. Jede Hälfte mit dem Kartoffelschäler bis auf das Kernstück rundherum schälen. Die Kartoffelstreifen wieder zusammenwickeln. Wenn die Kartoffelrosetten auf dem spitzen Ende stehen, öffnen sie sich nach oben in Blütenform.

1 feuerfeste Platte mit Öl bestreichen. Die Kartoffelrosetten darauf verteilen und die Blüten ebenfalls mit Öl betupfen. Etwas Salz darüber streuen.

Die Platte auf den kalten Rost stellen und in die 2. Schiene von oben in den vorgeheizten Backofen schieben. Bei 275 °C und Umluft 5 bis 6 Minuten backen.

Nährwerte pro Portion
Kilokalorien 140, Kilojoule 590, Eiweiß/g 3, Kohlenhydrate/g 18, Fett/g 6, Ballaststoffe/g 2,7

Kartoffelgratin mit weißen Trüffeln

einfach, Blitzrezept
2 Portionen

- 2 große Kartoffeln
- Öl
- 1 EL Butter
- Salz
- 20 g frische weiße Trüffeln

Die Kartoffeln schälen, waschen und in Scheiben hobeln.

2 feuerfeste Teller mit Öl bestreichen und die Kartoffelscheiben leicht überlappend auslegen. Die Butter in kleinen Flöckchen auf den Kartoffeln verteilen und etwas Salz darüber streuen.

Die Teller auf die mittlere Schiene unter den vorgeheizten Grill im Backofen stellen oder bei 275 °C und Oberhitze oder Umluft 6 bis 7 Minuten backen. Die Kartoffelscheiben dürfen an den Rändern etwas Farbe annehmen, aber nicht zu knusprig werden.

Die Kartoffelgratins aus dem Ofen nehmen und die Trüffeln dünn darüber hobeln.

Sofort servieren.

Nährwerte pro Portion
Kilokalorien 290, Kilojoule 1230, Eiweiß/g 6, Kohlenhydrate/g 43, Fett/g 9, Ballaststoffe/g 7,6

Tellergratin mit Kartoffeln und Pilzen

einfach, Blitzrezept
4 Portionen

- 4 große Kartoffeln
- 6–8 große feste Pilze, z. B. Steinpilze, Maronen, große Egerlinge
- Knoblauchöl
- Salz
- $1\frac{1}{2}$ EL Butter
- frisch gemahlener Pfeffer

Die Kartoffeln schälen, waschen und der Länge nach in Scheiben hobeln. Die Pilze putzen, möglichst nicht waschen und in dicke Scheiben schneiden.

4 feuerfeste Teller mit Öl bestreichen und die Kartoffel- und Pilzscheiben leicht überlappend auslegen. Alles mit Öl bestreichen, leicht salzen und die Butter in kleinen Flöckchen auf den Kartoffeln verteilen.

Die Teller auf die mittlere Schiene unter den vorgeheizten Grill in den Backofen stellen und 7 bis 8 Minuten gratinieren. Die Kartoffelscheiben sollen an den Rändern Farbe annehmen, aber nicht zu knusprig werden.

Die Tellergratins aus dem Ofen nehmen, mit Pfeffer bestreuen und sofort servieren.

Nährwerte pro Portion
Kilokalorien 230, Kilojoule 1000, Eiweiß/g 7, Kohlenhydrate/g 24, Fett/g 11, Ballaststoffe/g 10,5

Ravioli mit Käse überbacken

einfach, Blitzrezept
2 Portionen

- 300 g Ravioli, Füllung nach Geschmack
- Salz
- 100 g Mascarpone
- 80 g Gorgonzola
- frisch gemahlener schwarzer Pfeffer
- Butter für die Form
- 2 EL geriebener Parmesan

Die Ravioli nach Packungsanleitung in reichlich Salzwasser knapp bissfest kochen. In ein Sieb gießen und abtropfen lassen.

Den Mascarpone und den Gorgonzola gründlich verrühren, mit Pfeffer abschmecken.

2 kleine feuerfeste Formen buttern, Ravioli hineingeben. Die Käsecreme auf die Ravioli streichen, Parmesan darüber streuen.

Die Formen unter den vorgeheizten Grill oder in den auf 250 °C vorgeheizten Backofen auf die oberste Schiene schieben. Etwa 5 Minuten gratinieren, bis der Käse zerlaufen und goldbraun ist.

Nährwerte pro Portion
Kilokalorien 660, Kilojoule 2760, Eiweiß/g 23, Kohlenhydrate/g 57, Fett/g 34, Ballaststoffe/g 2,5

Gratiniertes Schweinefilet

einfach, Blitzrezept
2 Portionen

- 300 g Schweinefilet am Stück
- 2 EL Öl
- Salz
- Cayennepfeffer
- $^{1}/_{2}$ EL frische Rosmarinnadeln
- 6 schwarze Oliven ohne Stein
- 6 Kapernäpfel
- 4 Cocktailtomaten
- 120 g Gorgonzola
- frisch gemahlener schwarzer Pfeffer

Das Schweinefilet waschen, trockentupfen und parieren (alle Häute abschneiden).

Das Filet in möglichst dünne Scheiben schneiden und jede Scheibe mit dem Fleischklopfer oder einem großen schweren Messer platt drücken.

2 feuerfeste Teller mit etwas Öl bestreichen und die Filetscheiben darauf auslegen. Die Oberfläche des Fleisches mit Öl bestreichen und mit Salz und Cayennepfeffer würzen.

Die Rosmarinnadeln fein hacken und über das Filet streuen. Die Oliven vierteln, die Kapernäpfel der Länge nach halbieren und die Cocktailtomaten vierteln. Alles über die Filetscheiben verteilen. Den Gorgonzola in nicht zu kleine Würfel schneiden und auf das Fleisch setzen. Die Portionen mit frisch gemahlenem Pfeffer bestreuen.

Die Teller auf den kalten Rost setzen und in die 2. Schiene von oben in den vorgeheizten Backofen schieben. Bei 275 °C und Umluft 5 Minuten backen. Sofort servieren.

Variation

Statt Schweinefilet kann auch Kalb- oder Putenfleisch verwendet werden.

Nährwerte pro Portion
Kilokalorien 530, Kilojoule 2230, Eiweiß/g 46, Kohlenhydrate/g 5, Fett/g 36, Ballaststoffe/g 1,1

Hühnergratin Malibu

einfach, Blitzrezept
2 Portionen

- 2 Hühnerbrüste ohne Haut und Knochen
- 1 EL Öl
- Salz
- frisch gemahlener weißer Pfeffer
- Cayennepfeffer
- 2 große Scheiben frische Ananas
- 1 EL flüssiger Honig
- 8 kleine Frühlingszwiebeln
- 2–3 Stängel Koriander, Basilikum oder glatte Petersilie

Creme
- 100 g Crème fraîche
- 1 Eigelb
- $^1/_2$ TL Currypulver

Die Hühnerbrüste waschen, trockentupfen und diagonal in sehr dünne Scheiben schneiden. 2 feuerfeste Teller mit Öl bestreichen und die Hühnerbrüste darauf auslegen. Mit etwas Salz, Pfeffer und Cayennepfeffer bestreuen.

Die Ananasscheiben vierteln, die harte Mitte ausschneiden und die Ananas mundgerecht zerteilen. In Honig wenden.

Die Frühlingszwiebeln putzen, in kochendem Salzwasser 1 Minute blanchieren, herausheben und trockentupfen. Die Zwiebelchen der Länge nach dünn aufschneiden.

Die Kräuterstängel waschen und trockenschütteln. Die Blätter abzupfen, miteinander etwas einrollen und in feine Streifen schneiden.

Die Hühnerbrust mit Ananasstückchen und Zwiebelstreifen belegen und die Kräuter darüber streuen.

Aus Crème fraîche, Eigelb, Currypulver und 1 Prise Salz eine Creme rühren und über beide Portionen ziehen.

Die Teller auf den kalten Rost setzen und in die 2. Schiene von oben in den vorgeheizten Backofen schieben. Bei 275 °C 5 bis 6 Minuten überbacken. Heiß servieren.

Variation

In die Currycreme kann zusätzlich 1 Esslöffel Kokosflocken gerührt werden.

Nährwerte pro Portion
Kilokalorien 420, Kilojoule 1780, Eiweiß/g 33, Kohlenhydrate/g 16, Fett/g 25, Ballaststoffe/g 1,1

Überbackener Carpaccio

einfach, braucht Zeit
2 Portionen

- 300 g Rinderfilet aus der Mitte
- 6 feste weiße Champignons
- 6 Cocktailtomaten
- 1 kleines Stück Parmesan (gebraucht werden davon etwa 50 g)
- 12 Blättchen Basilikum
- 3 Esslöffel Öl
- Salz
- frisch gemahlener schwarzer Pfeffer

Das Rinderfilet parieren und mit Küchenpapier abtupfen. Fest in Alufolie wickeln und im Tiefkühlfach anfrieren, um es anschließend leichter in dünne Scheiben aufschneiden zu können.

Die Champignons putzen und nur wenn nötig waschen. Die Pilze in dünne Scheiben schneiden. Die Cocktailtomaten waschen, trocknen und halbieren. Auf dem Gurken- oder Trüffelhobel vom Parmesan 12 nicht zu dünne Scheiben hobeln (etwa wie Pilzscheiben). Die Basilikumblättchen waschen und trockentupfen.

2 feuerfeste Teller mit Öl bestreichen. Das Rinderfilet mit der Aufschnittmaschine oder einem sehr scharfen Messer in dünne Scheiben schneiden. Die Scheiben sofort fächerartig auf den geölten Tellern auslegen.

Das Fleisch mit Öl bestreichen und Pilze und Cocktailtomaten darüber verteilen. Alles mit Salz und frisch gemahlenem Pfeffer würzen. Je 1 Stückchen Parmesan auf einem Basilikumblatt auf den Carpaccio legen. Pilze und Cocktailtomaten mit dem restlichen Öl betupfen.

Die beiden Teller auf dem kalten Rost in die 2. Schiene von oben in den vorgeheizten Backofen schieben. Den Carpaccio bei 275 °C 5 bis 6 Minuten backen.

Möglichst heiß servieren.

Variation

Statt Parmesan kleine Mozzarella-Kugeln halbieren und auflegen oder die halbe Menge von jeder Käsesorte verwenden.

Nährwerte pro Portion
Kilokalorien 450, Kilojoule 1890, Eiweiß/g 41, Kohlenhydrate/g 1, Fett/g 32, Ballaststoffe/g 0,8

Tipp

Die angegebene Menge ergibt eine leckere Vorspeise. Für ein Hauptgericht verdoppeln Sie die Menge und legen je 2 Crêpes, zur Hälfte gefaltet, in die Suppenteller. Dazu passt Feldsalat, durch eine leichte Vinaigrette gezogen.

Crêpes mit Pfifferlingen

einfach
4 Portionen

- 4 fertige Crêpes nach Rezept auf Seite 22 gebacken

Pfifferlinggemüse

- 500 g Pfifferlinge
- 1 Zwiebel
- 1 Bund glatte Petersilie
- 1 EL Butter
- Salz
- frisch gemahlener Pfeffer
- 1/2 Bund Schnittlauch

Eicreme

- 200 g Crème fraîche
- 2 Eigelb
- Salz
- frisch gemahlener Pfeffer
- 1 Messerspitze geriebene Muskatnuss

In einer Pfanne mit mindestens 18 cm Durchmesser 4 Crêpes backen.

Die Pfifferlinge putzen und große Pilze halbieren. Die Zwiebel abziehen und fein hacken. Die Petersilie waschen, trockenschütteln und die Blätter fein hacken.

Die Butter in einer weiten Pfanne aufschäumen lassen. Pfifferlinge und Zwiebel darin dünsten, salzen und pfeffern. Wenn die Pilze fast gar sind, die Petersilie einrühren und das Gemüse vom Herd nehmen.

Den Schnittlauch waschen, trockentupfen und in feine Röllchen schneiden.

Die Crème fraîche mit dem Eigelb verrühren und mit Salz, Pfeffer und Muskatnuss abschmecken.

4 feuerfeste Suppenteller mit je 1 Crêpe auslegen, das Pfifferlinggemüse darauf verteilen und die Pilze mit der Eicreme überziehen. Die Teller auf 2 kalte Roste stellen und in die mittlere und obere Schiene in den vorgeheizten Backofen schieben. Bei 220 °C 4 Minuten backen. Dann die Roste austauschen und die Portionen weitere 4 Minuten überbacken.

Vor dem Servieren mit Schnittlauch bestreuen und möglichst heiß auftragen.

Achtung: Obwohl in 2 Etagen gebacken wird, keine Umluft verwenden! Die Ränder der Crêpes trocknen sonst zu stark aus.

Nährwerte pro Portion
Kilokalorien 340, Kilojoule 1410, Eiweiß/g 8, Kohlenhydrate/g 11, Fett/g 29, Ballaststoffe/g 7,8

Spanisches Tomaten-Zucchini-Gratin mit Garnelen

einfach
4 Portionen

- 1,2 kg sehr reife Fleischtomaten
- 2 Zwiebeln
- 3 Knoblauchzehen
- 1–2 getrocknete rote Chilischoten
- 100 ml Olivenöl
- 1 Prise Zucker
- Salz
- frisch gemahlener Pfeffer
- 4 große Zucchini
- 250 g rohe, geschälte Garnelen
- 125 g Manchego (spanischer Hartkäse), gerieben

- 4 feuerfeste Förmchen mit 14 cm Ø

Dazu schmecken frisches spanisches Weißbrot oder toskanisches Landbrot und ein fruchtiger Rotwein.

Die Tomaten unten kreuzweise einschneiden, in kochendem Wasser brühen, unter kaltem Wasser abschrecken und die Haut abziehen. Tomaten halbieren, die Kerne entfernen und das Tomatenfleisch grob hacken.

Die Zwiebeln und den Knoblauch abziehen und fein hacken. Die Chilischoten halbieren, entkernen und ebenfalls fein hacken.

2 Esslöffel Olivenöl in einer tiefen Pfanne erhitzen, Zwiebeln und Knoblauch darin glasig dünsten. Tomatenfleisch und Chilischoten zugeben, mit Zucker, Salz und Pfeffer würzen und bei mittlerer Hitze etwas einkochen lassen.

Die Zucchini waschen, abtrocknen und in Scheiben schneiden.

Das restliche Olivenöl erhitzen, die Zucchinischeiben darin portionsweise anbraten und leicht salzen. Aus dem Öl heben und auf Küchenpapier abtropfen lassen.

Die Tomatensauce in 4 Förmchen verteilen, etwas Sauce übrig lassen. Die Zucchinischeiben und die Garnelen darauf anordnen und die restliche Sauce darüber geben. Mit dem geriebenen Käse bestreuen und im vorgeheizten Backofen bei 175 °C 15 bis 20 Minuten überbacken.

Nährwerte pro Portion
Kilokalorien 420, Kilojoule 1760, Eiweiß/g 28, Kohlenhydrate/g 14, Fett/g 28, Ballaststoffe/g 5,5

Gratiniertes Fischfilet

Tipp

„Paniertes Fischfilet mit Kartoffelsalat" und jeden Freitag wieder. Wie wäre es da mit einer Abwechslung?
Das gratinierte Fischfilet schmeckt sehr fein und Sie haben das ganze Gericht auf einen Teller. Dazu passt türkisches Fladenbrot oder Ciabatta (toskanischer Weißbrotfladen).

einfach, Blitzrezept
2 Portionen

- 2 flache Fischfilets à 150 g (z. B. Rotbarsch)
- 1 Zitrone
- Salz
- 200 g kleine weiße Champignons
- 1 Schalotte
- 2 EL weiche Butter
- frisch gemahlener weißer Pfeffer
- 1 Bund glatte Petersilie
- 1/2 Bund Schnittlauch
- 1 EL Semmelbrösel

Creme

- 100 g Crème fraîche
- 1 TL trockener weißer Wermut (Noilly Prat)
- 1 Eigelb

Die Fischfilets waschen, trockentupfen und mit etwas Zitronensaft und Salz würzen.

Die Champignons waschen, putzen und halbieren. Die Schalotte abziehen und sehr fein hacken.

In einer weiten Pfanne 1 Esslöffel Butter zerlassen. Champignons und Schalotte bei mittlerer Hitze braten, schwach salzen und pfeffern.

Die Kräuter waschen, trockenschütteln und sehr fein hacken. Einen Teil der Petersilie in das Champignongemüse rühren und mit wenigen Tropfen Zitronensaft abschmecken.

Die Fischfilets trockentupfen. Die Champignons an den Pfannenrand schieben und in die Mitte etwas Butter geben. Die Fischfilets einlegen und auf jeder Seite 1 Minute dünsten.

Inzwischen aus der restlichen Butter, den Kräutern und Semmelbröseln mit einer Gabel eine Paste kneten.

Die Fischfilets auf 2 feuerfeste Teller setzen, mit dem Champignongemüse umlegen und mit der Kräuterpaste bestreichen.

Aus Crème fraîche, Wermut, Eigelb, etwas Salz und Pfeffer eine Creme rühren und die Fischfilets und das Champignongemüse damit überziehen.

Die beiden Teller auf den kalten Rost setzen und in die 2. Schiene von oben in den vorgeheizten Backofen schieben. Bei 275 °C 5 bis 6 Minuten überbacken.

Sofort servieren.

Nährwerte pro Portion
Kilokalorien 510, Kilojoule 2150, Eiweiß/g 38, Kohlenhydrate/g 6, Fett/g 37, Ballaststoffe/g 2,2

Coquilles Saint Jacques

einfach
2 Portionen

- 800 g ganze Jakobsmuscheln oder 200 g Muschelfleisch, tiefgekühlt oder frisch vom Fischhändler

Sud
- $^1/_8$ l Weißwein
- 1 Kräutersträußchen aus: 1 Zweig Thymian, 1 Petersilienstängel, 1 Zweig Estragon und etwas Kerbel
- 1 TL Pfefferkörner
- $^1/_2$ TL Salz

Sauce hollandaise
- 2 Eigelb
- 1 TL Zitronensaft
- 80 g Butter
- Salz
- frisch gemahlener weißer Pfeffer
- $^1/_2$ Bund glatte Petersilie

Die Muscheln unter fließendem, kalten Wasser gut bürsten.

Muscheln, die bereits vor dem Kochen offen sind, dürfen nicht verwendet werden. Die Muscheln roh aus den Schalen lösen oder 200 g tiefgefrorenes Muschelfleisch verwenden.

Alle Zutaten für den Sud mit 100 ml Wasser 10 Minuten kochen. Die Hitze abschalten und die Muscheln im Sud einige Sekunden zugedeckt pochieren.

Die Muscheln aus dem Sud heben, abtropfen lassen und in 2 Schalenhälften oder kleine Portionsförmchen verteilen.

Für die Sauce Eigelb, Zitronensaft und 1 Teelöffel Wasser verquirlen. Die Butter klären und möglichst heiß unter die Eimischung schlagen. Mit Salz und Pfeffer würzen.

Die Petersilie waschen, trockenschütteln, hacken und einrühren. Die Muscheln damit überziehen.

Im vorgeheizten Backofen unter dem Grill 3 bis 4 Minuten gratinieren.

Nährwerte pro Portion
Kilokalorien 410, Kilojoule 1710, Eiweiß/g 11, Kohlenhydrate/g 5, Fett/g 36, Ballaststoffe/g 0

Gratinierte Schnecken

einfach, Blitzrezept
2 Portionen

- 150 g weiche Butter
- 50 g Roquefortkäse
- 1 Knoblauchzehe
- 2 TL Weinbrand
- Salz
- frisch gemahlener weißer Pfeffer
- 1 Bund glatte Petersilie
- 2 Dutzend Schnecken aus der Dose
- 2 Dutzend Schneckenhäuser

Die Butter mit dem zerbröckelten Roquefort verrühren. Den Knoblauch abziehen, in die Butter pressen und die Masse mit dem Weinbrand glatt rühren. Mit Salz und frisch gemahlenem Pfeffer abschmecken.

Die Petersilie waschen und die Blättchen fein hacken. Die Butter mit der Petersilie vermischen.

Die Schnecken spülen und gut abtropfen lassen. In jedes Schneckenhaus etwas Butter geben, eine Schnecke darauf setzen und die Öffnung mit einem Butterhäufchen schließen.

Die gefüllten Schneckenhäuser in Schneckenpfannen setzen oder in ein Salzbett auf feuerfesten Tellern. Die Schnecken in den auf 200 °C vorgeheizten Backofen stellen und den Grill einschalten. Die Buttermischung während des Gratinierens beobachten, sie darf nicht zu dunkel werden.

Nährwerte pro Portion
Kilokalorien 760, Kilojoule 3160, Eiweiß/g 21, Kohlenhydrate/g 4, Fett/g 70, Ballaststoffe/g 0,2

Die Schnecken als Vorspeise mit frischem Baguette servieren.

Crêpes mit Lauch und Käse

einfach, braucht Zeit
4 Portionen

8 Crêpes
- 90 g Mehl
- 100 ml Milch
- je 1 Prise Salz und Zucker
- 2 Eier
- 2 EL Öl
- 100 ml Mineralwasser mit Kohlensäure
- Fett zum Backen

Füllung
- 2 große dicke Lauchstangen, geputzt, ca. 400 g
- 100 g Butter
- $^1/_2$ Glas Weißwein
- Salz
- frisch gemahlener Pfeffer
- frisch geriebene Muskatnuss
- 200 g Gruyère am Stück
- 4 mittelgroße vollreife Tomaten
- Öl für die Teller

Für die Crêpes das Mehl in eine Schüssel sieben. Die Milch mit dem Schneebesen in das Mehl rühren. Salz und Zucker zugeben und 30 Minuten quellen lassen. Danach Eier und Öl mit dem Teig glatt verrühren. Kurz bevor die Crêpes gebacken werden, das Mineralwasser in den Teig einrühren.

Zum Backen die Pfanne (Durchmesser ca. 18 cm) erhitzen und, falls sie nicht beschichtet ist, etwas Fett darin heiß werden lassen. Das überschüssige Fett wieder abgießen. Die Pfanne leicht schräg halten, etwas Teig hineingießen und die Pfanne so schwenken, dass sich der Teig gleichmäßig und hauchdünn verteilt. Warten, bis die Unterseite leicht gebräunt ist, der Teigrand sich kräuselt und die Oberfläche matt wird. Dann den Eierkuchen mit einer Palette wenden und bei reduzierter Hitze fertig backen. Bei Verwendung von Fett, nach dem Wenden eventuell noch etwas davon nachgeben. 8 Crêpes backen, übereinander stapeln und auskühlen lassen.

Für die Füllung die geputzten und gewaschenen Lauchstangen der Länge nach halbieren und quer in feine Streifen schneiden.

Die Butter in einer Kasserolle zerlassen und den Lauch darin anschwitzen. Mit Weißwein löschen, mit Sahne auffüllen und die Flüssigkeit dick einkochen lassen. Mit Salz, Pfeffer und Muskat würzen.

Den Käse in kleine Würfel schneiden. Die Tomaten kurz in kochendem Wasser blanchieren, häuten, halbieren und die Kerne ausdrücken. Das Tomatenfleisch würfeln.

Falls Ihr Backofen keine Umluft hat, nach 6 Minuten die oberen Teller gegen die unteren austauschen und weitere 6 Minuten backen.

4 feuerfeste Teller mit Öl bestreichen. Das Lauchgemüse leicht abtropfen lassen und in die Crêpes füllen. Jeweils 1 Portion Käsewürfel zugeben, die Crêpes zusammenrollen und auf die Teller legen. Die Tomatenwürfel über die Crêpes streuen und die restliche Lauchsauce darüber verteilen.

Die Teller auf 2 kalte Roste stellen und in die mittlere und obere Schiene in den vorgeheizten Backofen schieben.

Bei 220 °C und Umluft etwa 10 Minuten überbacken.

Nährwerte pro Portion
Kilokalorien 1010, Kilojoule 4250, Eiweiß/g 26, Kohlenhydrate/g 25, Fett/g 86, Ballaststoffe/g 3,7

Übrige, ungefüllte Crêpes können Sie 2 bis 3 Tage im Kühlschrank aufbewahren oder einfrieren.

Überbackene Schinken-Käse-Crêpes

einfach
2 Portionen

- 4 fertige Crêpes
  nach Rezept auf Seite 22 gebacken

- 2 Scheiben gekochter Schinken
- 75 g Mozzarella-Käse
- 8 frische Shiitake-Pilze, Austernpilze oder Champignons, etwa 150 g
- 2 Schalotten
- 1 TL Butter
- Salz
- frisch gemahlener schwarzer Pfeffer

Zum Überbacken
- 1 TL Fett für die Förmchen
- 125 g Crème fraîche
- 2 EL geriebener Gouda oder Emmentaler

- 2 feuerfeste Förmchen

Die Crêpes ausbreiten. Die Schinkenscheiben halbieren und darauf legen. Den Mozzarella-Käse in dünne Scheiben schneiden und darüber legen.

Die Pilze abreiben und putzen. 4 Kappen beiseite legen, die restlichen Pilze in Scheiben schneiden. Die Schalotten abziehen und fein würfeln. Butter in einer Pfanne zerlassen und Schalotten darin glasig dünsten. Die Pilzscheiben einrühren und 2 bis 3 Minuten garen. Salzen, pfeffern und an einer Seite auf die Crêpes geben.

Die Crêpes einrollen, je 2 Stück in eine gefettete Form legen, links und rechts davon je 1 Pilzkappe. Dick mit Crème fraîche überziehen und mit je 1 Esslöffel geriebenem Käse bestreuen. In den vorgeheizten Backofen auf die 2. Schiene von oben stellen und bei 250 °C goldbraun gratinieren.

Nährwerte pro Portion
Kilokalorien 640, Kilojoule 2700, Eiweiß/g 28, Kohlenhydrate/g 51, Fett/g 16, Ballaststoffe/g 2

Buntes Ofenomelett

einfach, Blitzrezept
4 Portionen

- 8 Eier
- 4 EL Milch
- Salz
- frisch gemahlener weißer Pfeffer
- 1 kleine Dose Artischockenherzen
- 8 Cocktailtomaten
- 8 entsteinte schwarze Oliven
- 2 Kabanossi-Würste
- 150 g gekochte Garnelenschwänze
- 2 EL Butter

- 4 feuerfeste Förmchen

Die Eier mit Milch, Salz und Pfeffer verquirlen.

Die Artischockenherzen gut abtropfen lassen und halbieren. Die Cocktailtomaten waschen, trocknen und halbieren. Die Oliven in dicke Scheiben schneiden. Die Kabanossi-Würste in fingerdicke Stücke schneiden. Die Garnelenschwänze abtropfen lassen.

Die Portionsformen mit Butter ausstreichen. Die Omeletteinlagen gleichmäßig auf die Förmchen verteilen und die Eiermasse darüber gießen.

Die Förmchen in den auf 200 °C vorgeheizten Backofen auf die mittlere Schiene stellen (ohne Umluft, bei dicken Porzellan- und Keramikformen mit Unterhitze). Je nach Größe der Formen dauert das Backen der Omeletts 10 bis 12 Minuten; sie sollten auf der Oberfläche gerade nicht mehr flüssig sein.

Die bunten Ofenomeletts in den Förmchen servieren und Weißbrot dazu reichen.

Nährwerte pro Portion
Kilokalorien 650, Kilojoule 2740, Eiweiß/g 39, Kohlenhydrate/g 6, Fett/g 49, Ballaststoffe/g 1,7

Orangengratin

einfach, Blitzrezept
2 Portionen

- 2 große unbehandelte Orangen
- 2 EL Orangenlikör
- 1 Eigelb
- 100 g Puderzucker
- 100 g Crème fraîche
- 1 EL Pistazienkerne

Von $^1/_2$ Orange die Schale abreiben. Die Orangen samt der weißen Innenhaut schälen und die Filets vorsichtig aus den Trennhäuten schneiden. Dabei über einer flachen Schale arbeiten, um den Saft aufzufangen. Die Orangenfilets in die Schale legen und mit Orangenlikör beträufeln.

Eigelb und Puderzucker zu einer schaumigen weißen Creme schlagen. Die Flüssigkeit von den Orangenfilets abgießen und in die Eimasse rühren. Die Crème fraîche unterziehen. Die Pistazien grob hacken.

Die Orangenfilets kreisförmig in 2 feuerfesten Suppentellern anordnen, mit der Creme überziehen und mit Pistazien und abgeriebener Orangenschale bestreuen.

Die Teller auf den kalten Rost stellen und in die 2. Schiene von oben in den vorgeheizten Backofen schieben. Bei 275 °C gut 5 Minuten gratinieren und heiß servieren.

Nährwerte pro Portion
Kilokalorien 540, Kilojoule 2270, Eiweiß/g 6, Kohlenhydrate/g 72, Fett/g 21, Ballaststoffe/g 4,5

Mit diesen beiden Cremes können auch andere Obstsorten gratiniert werden wie z. B. Erdbeeren, Pfirsiche oder Feigen. Wichtig ist, dass alle Früchte voll ausgereift sind.

Beerengratin mit Zabaione

einfach, Blitzrezept
2 Portionen

- 400 g gemischte Beeren
- 2 EL Puderzucker

Zabaione
- 3 Eigelb
- 3 gestrichene EL Zucker
- 6 EL Marsala oder Sherry
- abgeriebene Schale von $^{1}/_{2}$ unbehandelten Zitrone
- 1 Messerspitze Zimt

Die Beeren verlesen, wenn nötig waschen und wieder trocknen. Auf 2 feuerfeste Suppenteller verteilen und mit Puderzucker vermischen.

Für die Zabaione Eigelb, Zucker und 1 Esslöffel warmes Wasser in einer passenden Schüssel oder dem Wasserbadeinsatz zu einer glatten weißen Creme schlagen. Wenig Wasser in einem Topf aufkochen. Die Schüssel auf den Topf setzen und die Hitze auf kleinste Stufe schalten. Der Einsatz darf das heiße Wasser nicht berühren!

Die Creme schlagen und den Marsala nach und nach zugeben. Zitronenschale und Zimt einrühren. Die Creme so lange schlagen, bis sie schaumig und steif ist.

Die fertige Zabaione über die Beeren verteilen. Die Teller auf den kalten Rost setzen und in die 2. Schiene von oben in den vorgeheizten Backofen schieben. Die Beerengratins bei 275 °C 5 Minuten backen und möglichst heiß servieren.

Nährwerte pro Portion
Kilokalorien 360, Kilojoule 1520, Eiweiß/g 7, Kohlenhydrate/g 45, Fett/g 10, Ballaststoffe/g 10,3

Aufläufe fü

die ganze Familie

Lasagne mit Hackfleisch

einfach, braucht Zeit, zum Einfrieren
6 Portionen

Hackfleischmischung
- 1 große Zwiebel
- 2 Knoblauchzehen
- 2 Möhren
- 2 Stängel Staudensellerie
- 1 Bund glatte Petersilie
- 4 EL Öl
- 1 kg gemischtes Hackfleisch
- Salz
- frisch gemahlener schwarzer Pfeffer
- 1 Messerspitze Chilipulver
- 2 TL getrockneter Oregano
- 500 ml pürierte Tomaten
- 2 EL Tomatenmark

Béchamelsauce
- 50 g Butter
- 60 g Mehl
- $^1/_2$ l Fleischbrühe
- $^1/_2$ l Milch
- Salz
- frisch gemahlener weißer Pfeffer
- frisch geriebene Muskatnuss

- 2 Mozzarella-Käse
- 12 weiße Lasagneblätter, gebrauchsfertig
- 50 g Butter
- 150 g frisch geriebener Parmesankäse

- 1 rechteckige Auflaufform von 2 l Inhalt

Dieses Gericht ist ziemlich kalorienreich, schmeckt aber ganz besonders gut!

Zwiebel und Knoblauch abziehen und sehr fein hacken. Die Möhren schälen und raspeln, Staudensellerie putzen und fein hacken. Gewaschene Petersilie trockenschleudern, grobe Stängel entfernen und die Blätter fein hacken. In einer weiten Pfanne das Öl erhitzen und alle Zutaten von Zwiebel bis Petersilie bei mittlerer Hitze kurz dünsten. Das Hackfleisch zugeben und unter ständigem Wenden krümelig braten. Die Gewürze von Salz bis Oregano untermischen.

400 ml pürierte Tomaten mit dem Tomatenmark verrühren, an das Hackfleisch geben und die Mischung bei schwacher Hitze 30 Minuten schmoren lassen.

Inzwischen für die Béchamelsauce die Butter in einem Topf schmelzen, Mehl einrühren und hell anschwitzen. Fleischbrühe und Milch langsam zugießen und dabei mit dem Schneebesen kräftig schlagen, damit sich keine Klümpchen bilden.

Die Sauce einmal aufkochen lassen, mit Salz, Pfeffer und frisch geriebener Muskatnuss abschmecken und bei schwacher Hitze ausquellen lassen.

Die abgetropften Mozzarella-Käse in Scheiben von ca. 5 mm Stärke schneiden. Alle anderen Zutaten vorbereiten. Backofen auf 200 °C vorheizen.

Vor dem Schichten der Lasagne die Hackfleischmischung und die Béchamelsauce noch einmal abschmecken und eventuell nachwürzen.

Die Backform mit der Hälfte der Butter ausstreichen. Den Boden dünn mit Béchamelsauce überziehen und mit einer Schicht Lasagneblätter auslegen – je nach Größe der Form ergeben sich 3 oder 4 Schichten, die Füllung entsprechend portionieren!

Auf die Lasagneblätter eine Lage Hackfleisch geben, darauf Mozzarella-Scheiben und etwas Béchamelsauce verteilen, mit geriebenem Parmesan bestreuen. Nun kommen in derselben Reihenfolge wieder Lasagneblätter und die Füllung. Zuoberst liegen Lasagneblätter, die mit der restlichen Béchamelsauce und dem Tomatenpüree überzogen werden. Restlichen Parmesan darüber streuen und Butterflöckchen aufsetzen.

Lasagne im vorgeheizten Backofen bei 200 °C auf der mittleren Schiene 40 Minuten backen. Die Oberfläche soll goldbraun gratiniert sein. Den Auflauf vor dem Anschneiden gut 15 Minuten in der Form ruhen lassen.

Nährwerte pro Portion
Kilokalorien 1160, Kilojoule 4880, Eiweiß/g 59, Kohlenhydrate/g 46, Fett/g 75, Ballaststoffe/g 4

Nudelauflauf mit Schinken

einfach, zum Einfrieren
4 Portionen

- 1 große Zwiebel
- 100 g Butter
- 300 g gekochter Schinken am Stück
- 300 g breite Bandnudeln
- Salz
- 5 Eier
- 200 g Schlagsahne
- frisch gemahlener schwarzer Pfeffer
- 2 EL Semmelbrösel

- 1 flache Auflaufform von 1,5 l Inhalt

Die Zwiebel abziehen, fein hacken und in der Hälfte der Butter goldgelb dünsten.

Den Schinken in kleine Würfel schneiden.

Die Nudeln in Stücke brechen, in sprudelndem Salzwasser bissfest kochen, abgießen, mit kaltem Wasser abschrecken und gut abtropfen lassen.

Zwiebel, Schinkenwürfel und Nudeln vermischen.

Die Eier trennen und das Eigelb mit der Sahne verrühren, mit Salz und Pfeffer würzen.

Das Eiweiß zu steifem Schnee schlagen und die Eigelbmischung löffelweise unterziehen. Diese Masse mit den Nudeln vermischen.

Die Form mit etwas Butter fetten und mit den Semmelbröseln ausstreuen. Die Auflaufmasse einfüllen und die restliche Butter in Flöckchen auf der Oberfläche verteilen. Die Form mit Alufolie bedecken.

Den Auflauf in den auf 200 °C vorgeheizten Backofen stellen und 20 Minuten backen. Dann die Folie entfernen und den Auflauf weitere 5 Minuten backen.

In der Form servieren.

Dazu eine große Schüssel gemischte Blattsalate reichen.

Nährwerte pro Portion
Kilokalorien 1160, Kilojoule 4880, Eiweiß/g 59, Kohlenhydrate/g 46, Fett/g 75, Ballaststoffe/g 4

Lasagne mit Lammragout

einfach, braucht Zeit, zum Einfrieren
4 Portionen

Lammragout

- 1 mittelgroße Zwiebel
- 1 Möhre
- 2 Stängel Sellerie oder 100 g Sellerieknolle
- 150 g frischer, fetter Speck
- 300 g Lammhackfleisch
- 3 EL Tomatenmark
- 1 EL Rosmarinnadeln, fein gehackt
- Salz
- frisch gemahlener schwarzer Pfeffer

Béchamelsauce

- 40 g Butter
- 40 g Mehl
- 600 ml Milch
- frisch geriebene Muskatnuss

- Öl zum Ausfetten der Form
- 300 g grüne Lasagneblätter, gebrauchsfertig
- 150 g frisch geriebener Parmesankäse
- 40 g Butter

- 1 rechteckige Auflaufform von 1,5 l Inhalt

Die Zwiebel abziehen, die Möhre und den Sellerie putzen und schälen. Alles Gemüse fein hacken. Den Speck fein würfeln – wenn er zu weich ist, vorher kurz ins Gefrierfach legen.

Den Speck in einem Topf bei starker Hitze kurz anbraten, das gehackte Gemüse zugeben und 2 Minuten dünsten.

Das Lammhackfleisch einrühren und bröselig braten. Dann das Tomatenmark mit 200 ml Wasser verrühren und zugeben. Das Ragout mit Rosmarin, Salz und Pfeffer würzen und zugedeckt bei schwacher Hitze gut 1 Stunde köcheln lassen. Zwischendurch ab und zu umrühren.

Inzwischen die Béchamelsauce zubereiten. Die Butter schmelzen, das Mehl darin hell anschwitzen, die Milch zugießen und dabei kräftig mit dem Schneebesen rühren. Salzen und 30 Minuten bei schwacher Hitze ausquellen lassen. Mit frisch geriebener Muskatnuss abschmecken.

Die Form mit Öl ausstreichen. Den Boden mit einer Schicht Lasagneblätter auslegen und darauf 2 Esslöffel Ragout verstreichen. Etwas Parmesan darüber streuen und dann wieder eine Schicht Lasagneblätter auslegen. Diese mit Béchamelsauce bestreichen und wieder mit Käse bestreuen.

Dann weitere Lagen, abwechselnd mit Ragout und Béchamelsauce in die Form schichten. Die letzte Lage sollte Béchamelsauce mit Käse sein. Darauf die Butter in großen Flocken verteilen.

Den Auflauf in den auf 220 °C vorgeheizten Backofen auf die mittlere Schiene stellen und etwa 25 Minuten backen, bis sich die Oberfläche bräunt.

Die Lasagne in der Form auftragen.

Nährwerte pro Portion
Kilokalorien 1320, Kilojoule 5520, Eiweiß/g 48, Kohlenhydrate/g 89, Fett/g 75, Ballaststoffe/g 4,4

Rigatoni-Auflauf mit Mangold

einfach, braucht Zeit
4 Portionen

- 250 g Rigatoni
- Salz
- 750 g Mangold
- 1 Knoblauchzehe
- 1 Zwiebel
- 2 EL Butter
- 250 g gekochter Schinken
- Butter für die Form
- 150 g Mascarpone
- 150 g Schlagsahne
- frisch gemahlener Pfeffer
- 1 Messerspitze Muskatnuss
- 100 g geriebener Emmentaler

- 1 flache feuerfeste Form, 30 cm lang

Die Rigatoni in kochendem Salzwasser 10 bis 12 Minuten bissfest garen. In ein Sieb gießen, kurz mit heißem Wasser durchspülen und abtropfen lassen.

Vom Mangold die groben Blattrippen entfernen, die Blätter in feine Streifen schneiden und waschen. Die Knoblauchzehe und die Zwiebel abziehen und fein hacken.

In einem Topf die Butter zerlassen. Knoblauch und Zwiebel darin goldgelb dünsten, dann den tropfnassen Mangold hineingeben und zugedeckt einige Minuten dünsten, bis er zusammengefallen ist. Mangold in einem feinen Sieb abtropfen lassen. Anschließend hacken.

Den Fettrand vom Schinken entfernen, Schinken in schmale Streifen schneiden.

Die Form mit Butter ausstreichen. Nudeln, Schinken und Mangold abwechselnd in die Form schichten.

Für die Sauce den Mascarpone, die Schlagsahne, Salz, Pfeffer und Muskatnuss verquirlen und über den Auflauf gießen. Den geriebenen Emmentaler darüber verteilen.

Im vorgeheizten Backofen bei 200 °C ca. 20 Minuten überbacken, bis der Käse braun ist.

Nährwerte pro Portion
Kilokalorien 820, Kilojoule 3430, Eiweiß/g 35, Kohlenhydrate/g 52, Fett/g 48, Ballaststoffe/g 5

Maisauflauf

einfach, braucht Zeit
4 Portionen

- 4 frische Maiskolben
- 300 ml Milch
- 2 TL Zucker
- 1 TL Butter
- $^1/_4$ rote Paprikaschote
- 1 kleine rote Chilischote
- 1 Bund Petersilie
- 2 Frühlingszwiebeln
- 1 TL Salz
- frisch gemahlener weißer Pfeffer
- je 1 TL frische Thymian- und Majoranblättchen
- 4 Eier
- Fett für die Form

- 1 hohe Auflaufform von 1,5 l Inhalt

Bei den Maiskolben die Körnerreihen der Länge nach in der Mitte einschneiden, um das Mark aus den Körnern (die „Milch") zu lösen ohne die harten Schalen zu verwenden. Mit dem Rücken eines stabilen Messers und mit festem Druck so über die Körnerreihen fahren, dass sie ausgeschabt werden.

Das Mark mit Milch, Zucker und Butter in einen Topf geben und zugedeckt bei milder Hitze 10 Minuten köcheln lassen.

Inzwischen Paprika, Chili, Petersilie und die Frühlingszwiebeln putzen, waschen und klein würfeln bzw. hacken. Mit Salz, Pfeffer, Thymian und Majoran zum Mais geben. Die Eier verquirlen und ebenfalls einrühren.

In die gefettete Auflaufform umfüllen, auf der mittleren Schiene in den vorgeheizten Ofen stellen und bei 225 °C etwa 30 Minuten goldbraun backen.

Nährwerte pro Portion
Kilokalorien 230, Kilojoule 970, Eiweiß/g 11, Kohlenhydrate/g 26, Fett/g 9, Ballaststoffe/g 2

Pikanter Eierkuchenberg

einfach, braucht Zeit
6 Portionen

Eierkuchenteig
- 100 g Mehl
- 150 ml Milch
- 100 ml Wasser
- 1 Prise Salz
- 2 Eier
- 2 EL Öl
- Butter zum Ausbacken

Füllung
- 1 große Zwiebel
- 2 Knoblauchzehen
- 1 kleine Dose geschälte Tomaten
- 2 EL Öl
- 2 EL Tomatenmark
- 1 Bund Petersilie
- 2 Stück eingelegte rote Paprikaschoten
- 1 Messerspitze Chilipulver
- 500 g gemischtes Hackfleisch
- $^1/_2$ EL provenzalische Kräutermischung
- 300 g bulgarischer Schafskäse
- Salz
- frisch gemahlener Pfeffer
- 200 g dünne Käsescheiben: junger Gouda oder Emmentaler oder Butterkäse

- 1 Springform mit 24 cm Ø
- Butter für die Form
- 1 Pfanne für Eierkuchen im Durchmesser der Springform

Wie zu den meisten herzhaften Aufläufen schmeckt auch zu diesem Eierkuchenberg ein knackiger Blattsalat.

Boden und Wand der Springform mit Butter ausstreichen. Für den Eierkuchenteig alle Zutaten von Mehl bis einschließlich Salz mit dem Schneebesen verrühren und mindestens 30 Minuten quellen lassen. Danach Eier und Öl zugeben und den Teig schön glatt rühren. Um dünnflüssig zu sein, braucht er eventuell noch einen Schuss Wasser.

Zum Ausbacken der Eierkuchen die Pfanne erhitzen und, falls sie nicht beschichtet ist, etwas Butter darin schmelzen. Nacheinander 6 dünne Eierkuchen backen.

Für die Füllung Zwiebel und Knoblauchzehen abziehen und fein hacken. Dosentomaten abtropfen lassen und grob hacken. Das Öl in einer Pfanne erhitzen. Zwiebel, Knoblauch und Tomaten darin andünsten. Das Tomatenmark einrühren und die Mischung bei schwacher Hitze köcheln lassen.

Gewaschene Petersilie und Paprikaschote fein hacken, zugeben und alles mit Chilipulver abschmecken.

Die Tomatenmasse abkühlen lassen und mit dem Hackfleisch verrühren. Kräutermischung und fein zerbröckelten Schafskäse zugeben, mit Salz und Pfeffer abschmecken.

In die vorbereitete Springform einen Eierkuchen legen und mit Füllung bestreichen. Weitere Eierkuchen und Füllung einschichten und mit dem letzten Eierkuchen abdecken.

Darauf die Käsescheiben gleichmäßig verteilen.

Den Eierkuchenberg im vorgeheizten Backofen bei 200 °C auf der unteren Schiene 40 Minuten backen.

Achtung: Alufolie unterlegen, weil etwas Saft aus der Springform tropfen kann.

Nährwerte pro Portion
Kilokalorien 830, Kilojoule 3470, Eiweiß/g 40, Kohlenhydrate/g 18, Fett/g 61, Ballaststoffe/g 2

Kartoffelauflauf mit Pilzen

einfach
4 Portionen

- 800 g Kartoffeln
- Salz
- 400 g Waldpilze (z. B. Parasol, Steinpilze, Maronen, Perlpilze oder Täublinge)
- 4 Eier
- 1 große Zwiebel
- 1 EL Öl
- 1 Knoblauchzehe
- Salz
- frisch gemahlener Pfeffer
- 20 g Butter
- 250 g saure Sahne
- 1 Eigelb
- 1 Bund glatte Petersilie

- 1 flache feuerfeste Form von 1 l Inhalt

Pellkartoffeln in Salzwasser kochen, noch warm schälen, abkühlen lassen und in Scheiben schneiden.

Die Pilze waschen, putzen und in Scheiben schneiden. Die Eier hart kochen und die Zwiebel abziehen. Beides in feine Scheiben schneiden. In einem Topf das Öl erhitzen und die Pilze darin 5 Minuten dünsten.

Den Knoblauch abziehen und zu den Pilzen pressen. Das Gemüse leicht salzen und pfeffern.

Die feuerfeste Form mit Butter fetten, zuunterst eine Schicht Kartoffelscheiben legen, darauf eine Schicht Eischeiben, dann etwas von den Pilzen und dazu ein paar Zwiebelringe, dann wieder eine Schicht Kartoffeln und so fortfahren, bis alle Zutaten verbraucht sind. Zuoberst kommt eine Kartoffelschicht. Die saure Sahne mit dem Eigelb und 1 Prise Salz verrühren.

Die Petersilie waschen, hacken, der Eisahne zugeben und über die geschichteten Kartoffeln gießen. Im vorgeheizten Backofen bei 220 °C auf der mittleren Schiene in 40 Minuten schön braun backen.

In der Form servieren und gemischten Salat dazu reichen.

Nährwerte pro Portion
Kilokalorien 380, Kilojoule 1600, Eiweiß/g 17, Kohlenhydrate/g 33, Fett/g 21, Ballaststoffe/g 8

Waldpilzauflauf

einfach, braucht Zeit
4 Portionen

- 500 g gemischte Waldpilze, z. B. Maronen, Steinpilze
- 150 g Frühstücksspeck am Stück
- 2 weiße Zwiebeln
- 1 Bund glatte Petersilie
- 1 TL getrockneter Thymian
- Saft von 1 Zitrone
- Salz
- frisch gemahlener schwarzer Pfeffer
- Butter für die Form
- 300 g Weißbrot vom Vortag
- 200 ml heiße Brühe
- 300 g Schlagsahne
- 4 Eier
- 100 g geriebener Bergkäse
- 50 g Butter

- 1 runde feuerfeste Form von 2 l Inhalt

Die Pilze putzen, mit einem feuchten Tuch abreiben und in Scheiben schneiden. Den Frühstücksspeck fein würfeln. Die Zwiebeln abziehen und sehr fein hacken. Die Petersilie waschen, trockenschütteln und hacken.

Den Speck in einer trockenen Pfanne auslassen, die Zwiebeln zugeben und glasig dünsten. Die Pilze untermischen und einige Minuten braten. Petersilie und Thymian zufügen, den Zitronensaft angießen und alles mit Salz und Pfeffer abschmecken. Vom Herd nehmen und etwas ziehen lassen.

Die Auflaufform mit Butter ausstreichen. Das Brot in ca. 1 cm dicke Scheiben aufschneiden und die Form schuppenartig damit auslegen. Die Pilzmasse auf die Brotscheiben geben und das Brot mit der heißen Brühe befeuchten.

Die Sahne mit den Eiern verquirlen und über den Auflauf gießen. Mit dem Käse bestreuen und die Butter in Flöckchen darauf setzen. Im vorgeheizten Backofen bei 175 °C auf der 2. Schiene von unten ca. 50 Minuten backen. In der Form auftragen.

Mit Salaten der Saison servieren.

Nährwerte pro Portion
Kilokalorien 970, Kilojoule 4080, Eiweiß/g 26, Kohlenhydrate/g 41, Fett/g 79, Ballaststoffe/g 12,4

Tipp

Folgende weitere Gemüse können als Auflauf „alla parmigiana“ zubereitet werden: Blumenkohl, Brokkoli, Zucchini, Kartoffeln, Spargel, Stangensellerie.

Auberginen alla parmigiana

einfach
4 Portionen

- 1 kg Auberginen
- Salz
- $^1/_8$ l Olivenöl
- Fett für die Form
- 1 kg Tomaten
- 1 große Zwiebel
- 2 Knoblauchzehen
- frisch gemahlener Pfeffer
- 1 Bund Basilikum
- 3 Mozzarella-Käse
- 50 g geriebener Parmesan

- 1 flache feuerfeste Form von 1,5 l Inhalt

Die Auberginen in Scheiben schneiden, mit Salz bestreuen und 1 Stunde ziehen lassen. Dann abspülen und mit Küchenpapier trockentupfen. Die Auberginenscheiben in der Hälfte des Öls ausbacken und auf Küchenpapier abtropfen lassen. Die Form fetten.

Die Tomaten mit heißem Wasser überbrühen, häuten, die Kerne entfernen und das Fleisch klein schneiden. Zwiebel und Knoblauchzehen abziehen, fein würfeln und in Öl glasig dünsten. Mit den Tomaten zu einer dicken Sauce einkochen lassen. Salzen und pfeffern.

Das Basilikum hacken und die Mozzarella-Käse in Scheiben schneiden. Abwechselnd Auberginen, Basilikum, Sauce, geriebenen Parmesan und Mozzarella-Käse in die Form füllen. Im vorgeheizten Backofen bei 200 °C 30 Minuten backen.

Der Auflauf kann auch kalt gegessen werden.

Nährwerte pro Portion
Kilokalorien 750, Kilojoule 3150, Eiweiß/g 31, Kohlenhydrate/g 17, Fett/g 58, Ballaststoffe/g 8

Moussaka mit Paprikasauce

braucht Zeit, zum Einfrieren
4 Portionen

- 1 kg kleine Auberginen
- Salz
- 200 ml Olivenöl
- 1 Zwiebel
- 600 g reife Fleischtomaten
- 2 Knoblauchzehen
- 1 rote Chilischote
- 400 g Lammhackfleisch
- frisch gemahlener Pfeffer
- 1 Prise Zucker
- 1 EL getrockneter Oregano
- 3 EL Semmelbrösel

Paprikasauce

- 3 große rote Paprikaschoten
- 3 Schalotten
- 4 EL Öl
- Salz
- 1 EL Harisa (Tomaten-Chilisauce)
- 1 EL Honig

- 1 runde Auflaufform von 1,5 l Inhalt

Die Auberginen waschen, putzen und 2 Früchte beiseite legen. Die restlichen Auberginen der Länge nach in dünne Scheiben schneiden, mit Salz bestreuen und in einem Sieb etwa 20 Minuten in kaltem Wasser ziehen lassen.

Etwas Olivenöl in einer weiten Pfanne erhitzen. Die Auberginenscheiben trockentupfen und lagenweise in der Pfanne goldbraun braten. Herausheben und auf Küchenpapier abtropfen lassen.

Die Zwiebel abziehen und fein hacken. Die Tomaten brühen, häuten, entkernen und grob hacken. Die Knoblauchzehen abziehen, halbieren und mit etwas Salz zerdrücken. Die Chilischote waschen, putzen, aufschlitzen, entkernen und fein hacken.

Noch etwas Öl in die Pfanne geben, in der die Auberginen gebraten wurden, stark erhitzen und das Lammhackfleisch rundherum kräftig anbraten. Das Fleisch aus der Pfanne heben, 1 Esslöffel Öl hineingeben und die Zwiebel darin glasig dünsten. Tomaten, Knoblauch und Chilischote einrühren, mit

Pfeffer, Zucker und Oregano würzen und bei schwacher Hitze 15 Minuten köcheln lassen.

Inzwischen den Backofen auf 200 °C vorheizen. Die beiden restlichen Auberginen auf ein Backblech in den Ofen legen und etwa 15 Minuten garen. Dann das Fruchtfleisch aus der Schale kratzen, fein hacken und zusammen mit dem Lammhack zu den Tomaten in die Pfanne geben. Die Mischung bei schwacher Hitze 10 Minuten köcheln lassen und mit Salz abschmecken.

Bis hierher lässt sich das Gericht gut im Voraus zubereiten.

Die Auflaufform mit etwas Öl ausstreichen und mit 2 Esslöffel Semmelbrösel ausstreuen. Die gebratenen Auberginenscheiben sternförmig von der Mitte über den Formrand hinaus legen. Die Fleischmasse einfüllen, die restlichen Semmelbrösel darauf streuen und mit den letzten Auberginenscheiben bedecken. Darüber ein Stück Alufolie legen.

Im Backofen bei 180 °C ein Wasserbad vorbereiten, die Form hineinsetzen und die Moussaka gut 30 Minuten garen. Dann aus dem Backofen nehmen, etwas abkühlen lassen und die Moussaka entweder in der Form oder auf eine Platte gestürzt servieren.

Dazu schmeckt folgende Paprikasauce

Die Paprikaschoten waschen, entkernen und in Würfel schneiden. Die Schalotten abziehen und fein hacken.

Das Öl in einer weiten Pfanne erhitzen und die Schalotten darin glasig dünsten. Die Paprikaschoten zugeben und leicht salzen. Harisa mit 2 Esslöffel Wasser verrühren und zugeben. Das Gemüse 20 Minuten leise köcheln lassen, bis es sehr weich ist. Dann pürieren und mit Salz und Honig abschmecken.

Nährwerte pro Portion
Kilokalorien 460, Kilojoule 1940, Eiweiß/g 16, Kohlenhydrate/g 15, Fett/g 37, Ballaststoffe/g 7,6

Griechischer Kartoffelauflauf

einfach, braucht Zeit
4 Portionen

- 250 g Lammschulter
- 250 g Schweinenacken
- 4 Knoblauchzehen
- 1/2 TL gemahlener Koriander
- 1 TL getrockneter Thymian
- Salz
- frisch gemahlener schwarzer Pfeffer
- 6 EL Olivenöl
- 1 kleiner Kopf Weißkohl, ca. 500 g
- 1/2 l Fleischbrühe
- 500 g Kartoffeln
- 1 große rote Paprikaschote
- 2 große Zwiebeln
- 1 EL Rosenpaprikapulver
- 100 ml Weißwein
- 200 g Schlagsahne
- 2 Eier
- 100 g geriebener Bergkäse

- 1 feuerfeste Form von 2 l Inhalt

Lamm- und Schweinefleisch in kleine Würfel schneiden und in eine Schüssel legen.

Den Knoblauch abziehen und durch eine Presse drücken. Knoblauch, Koriander, Thymian, Salz und Pfeffer mit 5 Esslöffel Olivenöl verrühren und über das Fleisch gießen. Fleisch in der Marinade wenden und 1 Stunde ziehen lassen.

Den Weißkohl halbieren und den Strunk herausschneiden. Den Kohl waschen, gut abtropfen lassen und in dünne Streifen schneiden.

Das Fleisch mit dem Schaumlöffel aus der Marinade heben und in einer heißen Pfanne scharf anbraten. 2 Esslöffel der Würzmarinade dazugeben, den Weißkohl untermischen und anschmoren. Die Fleischbrühe angießen, bei mittlerer Hitze 30 Minuten kochen lassen.

Inzwischen die Kartoffeln waschen und in der Schale in Salzwasser 20 Minuten garen. Kartoffeln abgießen, schälen und etwas abkühlen lassen.

Die Paprikaschote halbieren, entkernen und in Streifen schneiden. Die Zwiebeln abziehen und in Ringe schneiden. Die restliche Marinade erhitzen und die Zwiebeln darin anschwitzen. Mit Paprikapulver bestäuben, die Paprikastreifen zugeben und kurz anbraten. Mit dem Wein ablöschen und 5 Minuten dünsten.

Die Kartoffeln in Scheiben schneiden. Die Auflaufform mit Öl ausstreichen. Abwechselnd Kartoffeln, Fleisch mit Weißkraut und Paprika-Zwiebeln hineinlegen. Jede Lage Kartoffeln mit Salz und Pfeffer würzen.

Die Schlagsahne mit den Eiern verquirlen und über den Auflauf gießen, den Käse darüber streuen. Im vorgeheizten Backofen bei 200 °C in ca. 40 Minuten goldbraun backen. In der Form servieren.

Als Beilage griechischen Hirtensalat reichen.

Nährwerte pro Portion
Kilokalorien 890, Kilojoule 3710, Eiweiß/g 44, Kohlenhydrate/g 36, Fett/g 62, Ballaststoffe/g 21,4

Wirsingauflauf

einfach, braucht Zeit
4 Portionen

- 1 Kopf Wirsing, ca. 800 g
- 2 große Zwiebeln
- 2 Knoblauchzehen
- 400 g Frühstücksspeck in ca. 1/2 cm dicken Scheiben
- 2 EL Schmalz
- 1/4 l Fleischbrühe
- 1/4 l Weißwein
- Salz
- frisch gemahlener schwarzer Pfeffer
- 1 TL gerebelter Majoran
- Butter für die Form und die Flöckchen
- 4 mittelgroße gekochte Pellkartoffeln
- 200 g saure Sahne
- 3 Eier
- 2 EL Semmelbrösel
- 1 EL gehackte Petersilie

- 1 feuerfeste Form von 2 l Inhalt

Den Wirsing vierteln und den Strunk herausschneiden. Wirsing waschen, gut abtropfen lassen und in nicht zu dünne Streifen schneiden.

Die Zwiebeln und den Knoblauch abziehen und fein hacken. Den Frühstücksspeck in Würfel schneiden.

Das Schmalz in einer tiefen Pfanne erhitzen und den Speck darin auslassen. Zwiebeln und Knoblauch zufügen und glasig dünsten. Den Wirsing zugeben und anschmoren. Die Fleischbrühe und den Weißwein angießen, mit Salz, Pfeffer und Majoran würzen und 15 Minuten köcheln lassen.

Die Form mit Butter ausstreichen. Die Kartoffeln in Scheiben schneiden und die Form damit auslegen. Das Wirsinggemüse samt Garflüssigkeit darüber geben.

Die Sahne mit den Eiern verquirlen und über den Auflauf gießen. Die Semmelbrösel mit der Petersilie vermengen, den Auflauf damit bestreuen und mit Butterflöckchen besetzen. Im vorgeheizten Backofen bei 200 °C ca. 35 Minuten überbacken.

Mit Tomatensalat servieren.

Nährwerte pro Portion
Kilokalorien 1030, Kilojoule 4320, Eiweiß/g 19, Kohlenhydrate/g 26, Fett/g 96, Ballaststoffe/g 7,2

Hackfleisch-Ratatouille-Auflauf

einfach, braucht Zeit
4 Portionen

- 2 Zwiebeln
- 2–3 Knoblauchzehen
- 6 EL Olivenöl
- 600 g gemischtes Hackfleisch
- 2 EL Tomatenmark
- Salz
- frisch gemahlener schwarzer Pfeffer
- 4 Zweige Thymian
- 2 Zweige Rosmarin
- 2 rote Paprikaschoten
- 1 kleine Aubergine
- 3 Zucchini
- 2 Fleischtomaten
- 1 EL Butter
- 1 EL Mehl
- 400 ml Milch
- 100 g geriebener Käse, z. B. junger Gouda
- Butter für die Form

- 1 feuerfeste Form, 30 cm lang

Die Zwiebeln und den Knoblauch abziehen und fein hacken.

Die Hälfte des Öls in einer tiefen Pfanne erhitzen und die Hälfte von Zwiebeln und Knoblauch darin glasig dünsten. Das Hackfleisch zufügen und so lange braten, bis es krümelig ist. Mit Tomatenmark, Salz und Pfeffer würzen und vom Herd nehmen.

Thymian und Rosmarin waschen, trockenschütteln, die Blätter von den Zweigen streifen und hacken. Die Hälfte in die Hackfleischmasse rühren.

Paprikaschoten, Aubergine, Zucchini und Tomaten waschen und die Stielansätze entfernen, die Paprikaschote entkernen. Das Gemüse in große Würfel bzw. dicke Scheiben schneiden.

Das restliche Öl in einer Kasserolle erhitzen und übrige Zwiebeln und Knoblauch und die Aubergine zugeben. Einige Minuten braten. Zucchini und Tomaten untermischen und alles weitere 10 Minuten schmoren. Mit Salz und Pfeffer würzen und die restlichen Kräuter einrühren.

Inzwischen die Butter in einem Topf zerlassen und das Mehl darin anschwitzen. Die Milch unter Rühren zugießen und die Sauce ca. 10 Minuten köcheln lassen, dabei mit dem Schneebesen kräftig schlagen. Wenn die Sauce dicklich ist, den Käse einstreuen und in der Sauce schmelzen lassen, dann die Sauce vom Herd nehmen.

Die Form mit Butter ausstreichen und die Hackfleischmasse hineinfüllen. Das Gemüse darauf verteilen. Mit der Käsesauce übergießen und im vorgeheizten Backofen bei 220 °C auf der mittleren Schiene 20 bis 25 Minuten backen. In der Form servieren.

Als Beilage frisches Baguette oder Knoblauchbrot reichen.

Nährwerte pro Portion
Kilokalorien 760, Kilojoule 3180, Eiweiß/g 42, Kohlenhydrate/g 16, Fett/g 59, Ballaststoffe/g 6,1

Quarkauflauf mit Kräutern und Tomaten

einfach
6 Portionen

- 3 Milchbrötchen
- Fett für die Form
- 3 Eier
- 150 ml Milch
- 500 g Quark, 20 % Fett i. Tr.
- 3 EL saure Sahne
- 1 EL Speisestärke
- 200 g geriebener Käse, junger Gouda oder Edamer
- 1 Bund Schnittlauch
- 3 Zweige Estragon
- 3 Zweige Oregano
- Salz
- 1 Prise Zucker
- frisch gemahlener schwarzer Pfeffer
- 2 Fleischtomaten
- 200 g Cocktailtomaten

- 1 flache feuerfeste Form mit 26 cm Ø

Die Brötchen entrinden und in dünne Scheiben schneiden. Die feuerfeste Form ausfetten und mit den Brötchenscheiben auslegen.

1 Ei mit der Milch verquirlen und über die Brötchen gießen.

Den Quark durch ein Sieb streichen. Mit saurer Sahne, der Speisestärke, den restlichen Eiern und $^{2}/_{3}$ des geriebenen Käses verrühren.

Die Kräuter waschen und trockenschütteln. Den Schnittlauch in Röllchen schneiden. Estragon- und Oreganoblättchen von den Stängeln streifen. Die Kräuter unter den Quark mischen, mit Salz, Zucker und Pfeffer abschmecken und die Masse auf die Brötchen streichen.

Die Tomaten waschen und abtrocknen. Fleischtomaten in Scheiben schneiden, Cocktailtomaten halbieren. Tomaten auf der Quarkmasse verteilen, mit dem restlichen Käse bestreuen. Im vorgeheizten Backofen bei 200 °C auf der 2. Schiene von unten ca. 50 Minuten backen.

Nährwerte pro Portion
Kilokalorien 360, Kilojoule 1490, Eiweiß/g 25, Kohlenhydrate/g 20, Fett/g 19, Ballaststoffe/g 1,5

Würziger Grünkernauflauf

einfach, braucht Zeit, zum Einfrieren
4 Portionen

- 500 g Blattspinat
- 1 Zwiebel
- 1–2 Knoblauchzehen
- 2 EL Butter
- 125 g Grünkern, geschrotet
- 300 ml Gemüsebrühe
- 1 TL getrockneter Thymian
- Salz
- frisch gemahlener Pfeffer
- frisch geriebene Muskatnuss
- 50 g Mandelstifte
- 4 mittelgroße Strauchtomaten
- Fett für die Form
- 4 Eier
- $^1/_4$ l Milch
- 100 g Crème fraîche
- 250 g mittelalter Gouda oder Bergkäse

- 1 Auflaufform von 1,5 l Inhalt

Den Blattspinat verlesen und waschen. Zwiebel und Knoblauch abziehen und miteinander fein hacken.

In einem Topf 1 Esslöffel Butter zerlassen, die Hälfte von Zwiebel und Knoblauch darin andünsten, den Grünkern einrühren und kurz anrösten. Die Gemüsebrühe angießen, den Thymian einrühren und alles bei schwacher Hitze etwa 20 Minuten ausquellen lassen.

In einem zweiten Topf die restliche Butter schmelzen, die restliche Zwiebel-Knoblauch-Mischung darin andünsten und den tropfnassen Blattspinat zugeben. Den Topf mit dem Deckel fest verschließen und den Spinat bei mittlerer Hitze zusammenfallen lassen. Dann den Topf öffnen, den Spinat mit Salz, Pfeffer und Muskatnuss abschmecken und die Flüssigkeit verdampfen lassen, dabei mehrmals umrühren.

Inzwischen in einer trockenen, heißen Pfanne die Mandelstifte goldgelb rösten und unter den Spinat ziehen. Grünkern und Spinat vom Herd nehmen.

Die Tomaten waschen und in Scheiben schneiden. Die Auflaufform fetten.

Die Eier mit Milch und Crème fraîche verquirlen, schwach salzen und mit Pfeffer würzen. Den Käse möglichst grob raspeln.

Die Hälfte des Käses unter den Grünkern ziehen und mit Salz und Pfeffer abschmecken. Die Masse in die Form füllen und glatt streichen. Mit mehreren Esslöffeln Eiermilch befeuchten. Den Spinat darüber verteilen und zuletzt die Tomatenscheiben dachziegelartig auflegen. Die Tomaten salzen und pfeffern. Die restliche Eiermilch darüber gießen und den übrigen Käse aufstreuen.

Den Auflauf im vorgeheizten Backofen bei 200 °C auf der 2. Schiene von unten etwa 40 Minuten backen. Die Decke darf goldbraun werden.

Den würzigen Grünkernauflauf in der Form auftragen und bunte Blattsalate dazu reichen.

Nährwerte pro Portion
Kilokalorien 640, Kilojoule 2660, Eiweiß/g 38, Kohlenhydrate/g 10, Fett/g 49, Ballaststoffe/g 6,9

Blattspinat-auflauf

einfach, braucht Zeit
4 Portionen

- 1 kg Blattspinat
- 1 Zwiebel
- 2 Knoblauchzehen
- 2 EL Butter
- Salz
- 50 g Pinienkerne
- 2 EL Sultaninen
- 1 TL Speisestärke
- 200 g Quark, 40 % Fett i. Tr.
- frisch gemahlener schwarzer Pfeffer
- 1 Messerspitze gemahlene Muskatnuss
- Butter für die Form
- 100 g milder Provolone
- 100 g Fontina
- 4 Eier
- 100 g Schlagsahne
- 50 g geriebener Pecorino

- 1 feuerfeste Form von 2 l Inhalt

Den Blattspinat verlesen, grobe Stängel entfernen und den Spinat mehrmals gründlich waschen.

Die Zwiebel und den Knoblauch abziehen und fein hacken.

Die Butter in einem großen Topf zerlassen, Zwiebel und Knoblauch darin glasig dünsten. Den tropfnassen Spinat zufügen und im geschlossenen Topf 2 Minuten zusammenfallen lassen. Leicht salzen und wenden. In ein Sieb abschütten und gut abtropfen lassen.

Dazu passen toskanisches Weißbrot und geröstete Weißbrotscheiben.

Die Pinienkerne in einer trockenen Pfanne goldbraun rösten.

Sultaninen, Pinienkerne und Speisestärke unter den Quark rühren, den Spinat unterheben und die Masse mit wenig Salz, Pfeffer und Muskatnuss würzen.

Die Auflaufform mit reichlich Butter ausstreichen und die Spinat-Quark-Masse hineinfüllen. Provolone und Fontina in Würfel schneiden und auf der Masse verteilen.

Die Eier mit der Schlagsahne und dem Pecorino verrühren und über den Auflauf gießen. Im vorgeheizten Backofen bei 175 °C auf der mittleren Schiene 40 bis 45 Minuten backen. In der Form servieren.

Nährwerte pro Portion
Kilokalorien 640, Kilojoule 2660, Eiweiß/g 38, Kohlenhydrate/g 10, Fett/g 49, Ballaststoffe/g 6,9

Sahnepüree

- 750 g Kartoffeln, mehlig kochend
- Salz
- 30 g Butter
- 250 g Schlagsahne
- frisch geriebene Muskatnuss

Die Kartoffeln schälen und in großen Stücken in Salzwasser eben gar kochen, abdämpfen und durch die Presse drücken. Den Kartoffelschnee mit Butterstückchen und kochend heißer Sahne aufschlagen. Mit geriebener Muskatnuss und eventuell noch etwas Salz abschmecken.

Fischauflauf unter Sahnepüree

einfach, braucht Zeit
4 Portionen

- Sahnepüree nach Rezept links außen

- Fett für die Form
- 1 große Zwiebel
- 400 g Champignons
- 1 Bund glatte Petersilie
- 4 EL Olivenöl
- Salz
- 1 kg Fischfilets
- 1 Zitrone
- 4 EL Weißwein
- frisch gemahlener weißer Pfeffer
- 50 g Butter

- 1 flache feuerfeste Form von 1,5 l Inhalt

Das Sahnepüree zubereiten.

Die Auflaufform ausfetten und beiseite stellen. Die Zwiebel abziehen und würfeln, die Champignons putzen und in Stücke schneiden. Die Petersilie waschen und hacken. Zwiebel, Pilze und Petersilie in Olivenöl goldgelb dünsten und leicht salzen. Diese Mischung auf den Boden der Auflaufform verteilen.

Die Fischfilets vorbereiten: säubern, mit Zitrone säuern, salzen, abtropfen lassen und auf das Gemüsebett in die Form legen. Mit Weißwein beträufeln und mit frisch gemahlenem weißen Pfeffer bestreuen.

Den Fisch mit dem Sahnepüree überziehen. Die Butter in Flöckchen über das Püree verteilen.

Den Auflauf im vorgeheizten Backofen bei 180 °C auf der mittleren Schiene 30 Minuten backen. Wenn die Püreehaube nicht schön bräunt, den Auflauf noch kurz unter den Grill stellen.

Achtung: wird schnell zu dunkel!

Aufläufe unter einer Püreedecke haben mehrere Vorteile. Die Zutaten darunter garen sanft, was für Fisch ideal ist, und das Püree als Beilage wird gleich mitgeliefert.

Nährwerte pro Portion
Kilokalorien 830, Kilojoule 3470, Eiweiß/g 40, Kohlenhydrate/g 18, Fett/g 61, Ballaststoffe/g 2

Auflauf Parmentier

einfach, braucht Zeit
4 Portionen

- Sahnepüree nach Rezept Seite 48

Füllung
- 500 g Zucchini
- 4 reife Tomaten
- 2 Zwiebeln
- 2 Knoblauchzehen
- 1 Bund glatte Petersilie
- 2 EL Olivenöl
- 500 g gemischtes Hackfleisch
- Salz
- frisch gemahlener Pfeffer
- $^{1}/_{8}$ l Weißwein
- Butter für die Form und die Flöckchen

- 1 flache feuerfeste Form von 1,5 l Inhalt

Die Zucchini und die Tomaten waschen. Zucchini in dünne Scheiben, Tomaten in Würfel schneiden. Zwiebeln und Knoblauch abziehen und fein hacken. Die Petersilie waschen, trockenschütteln und hacken.

Das Olivenöl in einer tiefen Pfanne erhitzen und das Hackfleisch anbraten, bis es krümelig ist. Zwiebeln, Knoblauch und Zucchini untermischen und einige Minuten mitbraten. Tomatenwürfel und Petersilie zufügen. Mit Salz und Pfeffer kräftig würzen und den Weißwein angießen. Die Hackfleischmischung bei kleiner Hitze 20 Minuten schmoren.

In der Zwischenzeit das Sahnepüree zubereiten.

Die Auflaufform ausfetten und die Hackfleisch-Zucchini-Mischung hineingeben. Mit dem Püree überziehen und nach Belieben garnieren.

Butterflöckchen darüber verteilen. Im vorgeheizten Backofen bei 180 °C auf der mittleren Schiene etwa 30 Minuten goldbraun überbacken.

Zubereitungen mit Kartoffeln oder mit Kartoffelpüree aus dem Backofen, tragen in der Küchensprache oft den Beinamen „Parmentier“.
Antoine Augustin Parmentier (Frankreich, 1737 bis 1813) war Apotheker und Landwirt. Er entdeckte und propagierte den Nährwert der Kartoffel und verhalf ihr so zu ihrer Karriere als Volksnahrungsmittel.

Nährwerte pro Portion
Kilokalorien 830, Kilojoule 3470, Eiweiß/g 35, Kohlenhydrate/g 30, Fett/g 64, Ballaststoffe/g 5,7

Süßer Nudelauflauf mit Quark

einfach
4 Portionen

- 200 g Fettuccine oder andere Bandnudeln
- Salz
- 1 EL Butter

Füllung

- 100 g Sultaninen
- 4 Eier
- 100 g Puderzucker
- 20 g Vanillinzucker
- fein abgeriebene Schale von 1 unbehandelten Zitrone
- 500 g Schichtkäse
- 300 g Schlagsahne
- 50 g Butter
- 2 Packungen fertige Strudelblätter
- 3 EL Semmelbrösel
- Puderzucker zum Bestäuben

- 1 rechteckige Auflaufform von 1,5 l Inhalt

Die Fettuccine im sprudelnden Salzwasser bissfest kochen, abgießen und gut abtropfen lassen. In einer Schüssel mit der Butter vermischen und auskühlen lassen.

Für die Füllung die Sultaninen überbrühen und abtropfen lassen. Die Eier trennen. Das Eigelb mit Puderzucker und Vanillinzucker schaumig schlagen. Die Zitronenschale zugeben. Den Schichtkäse abtropfen lassen und durch die Kartoffelpresse zur Eimischung drücken. Die Sahne und die Sultaninen einrühren. Das Eiweiß mit 1 Prise Salz zu steifem Schnee schlagen und unter die Quarkmasse ziehen.

Die Butter zerlassen. Die Backform oder die Fettpfanne des Backofens mit Butter ausstreichen und die Hälfte der Strudelblätter auf den Boden legen. Die Blätter der Formgröße anpassen. Dort, wo sie übereinander lappen, mit Butter bestreichen, damit sie nicht zusammenkleben. Mit Semmelbröseln bestreuen.

Die kalten Fettuccine unter die Quarkmasse ziehen und die Mischung gleichmäßig in der Form verteilen. Die restlichen Strudelblätter mit Butter bestreichen und auf die Füllung legen.

Den Auflauf in den auf 180 °C vorgeheizten Backofen auf die mittlere Schiene stellen und 30 Minuten backen. Dann aus dem Ofen nehmen und 10 Minuten ruhen lassen.

Den Auflauf zum Servieren in etwa 10 x 10 cm große Stücke schneiden, mit Puderzucker bestäuben und warm servieren.

Dazu schmeckt Apfelmus, Aprikosen- oder Pflaumenkompott.

Nährwerte pro Portion
Kilokalorien 1220, Kilojoule 5110, Eiweiß/g 37, Kohlenhydrate/g 133, Fett/g 55, Ballaststoffe/g 4,6

Pfirsich-Makronen-Auflauf

einfach, braucht Zeit
4 Portionen

- 50 g Makronenbrösel
- 2 EL Weinbrand
- 100 g Pfirsichfleisch, in Stückchen geschnitten
- 90 g Butter
- 90 g Zucker
- 3 Eier
- 2 TL Zitronensaft

- Zucker für die Form und zum Bestreuen

- 1 runde Auflaufform von 1 l Inhalt

Makronenbrösel mit Weinbrand beträufeln und mit den Pfirsichstückchen mischen.

Butter und Zucker schaumig rühren, die Eier trennen. Das Eigelb mit einer Gabel leicht schlagen, das Eiweiß mit Zitronensaft steif schlagen.

Die Buttermasse mit dem Eigelb verrühren und unter die Pfirsich-Makronen-Mischung ziehen. Zuletzt den Eischnee unterheben.

Die Form mit Zucker ausstreuen, die Auflaufmasse einfüllen und im vorgeheizten Backofen bei 180 °C auf der mittleren Schiene 45 Minuten backen.

Mit Zucker bestreut servieren.

Dazu passt halb steif geschlagene Sahne.

Nährwerte pro Portion
Kilokalorien 400, Kilojoule 1660, Eiweiß/g 6, Kohlenhydrate/g 37, Fett/g 24, Ballaststoffe/g 0

Das berühmte Sachertortenrezept dient als Grundlage für diesen Auflauf. Saftige Williamsbirnen runden das Schokoladenaroma ab. Der Auflauf schmeckt warm ebenso gut wie kalt.

Sacherauflauf mit Birnen

einfach, braucht Zeit
6 Portionen

- 125 g Butter
- 125 g Zucker
- 5 Eier, getrennt
- 150 g zartbittere Schokolade
- 50 g Mehl
- 100 g geröstete, gemahlene Mandeln
- 3 Williamsbirnen
- 400 g Schlagsahne
- 1 EL Zucker
- ca. 4 cl Williamsbirnengeist

- 30 g Butter und 2 EL feiner Zucker für 1 Auflaufform von 1,5 l Inhalt

Boden und Wand der Auflaufform sorgfältig mit Butter ausstreichen und gleichmäßig mit Zucker bestreuen. Den Backofen auf 180 °C vorheizen.

Die Butter mit der Hälfte des Zuckers schaumig rühren, dann das Eigelb nach und nach einrühren.

Die Schokolade zerbröckeln und in einem Töpfchen im Wasserbad schmelzen. Flüssige Schokolade, Mehl und gemahlene Mandeln unter die Masse ziehen. Die Birnen schälen, der Länge nach in 6 bis 8 Spalten schneiden, entkernen und den Boden der Auflaufform damit belegen.

Das Eiweiß mit dem restlichen Zucker steif schlagen und unter die Masse heben.

Die Schokoladenmasse über die Birnen verteilen und die Form in den vorgeheizten Backofen auf die mittlere Schiene stellen.

Den Auflauf 15 Minuten bei Unterhitze backen, dann auf Ober- und Unterhitze umstellen und weiterhin bei 180 °C backen. Nach insgesamt 45 Minuten in der Mitte des Auflaufs eine Garprobe machen: mit einem Holz- oder Metallspieß hineinstechen – der Teig darf nicht daran kleben bleiben. Rund um die Birnen kann auch die fertig gebackene Masse etwas feuchter, also dunkler sein.

Sahne mit Zucker halb steif schlagen und mit Williamsbirnengeist abschmecken. Den fertigen Auflauf vor dem Anstechen 5 Minuten ruhen lassen.

Nährwerte pro Portion
Kilokalorien 910, Kilojoule 3800, Eiweiß/g 13, Kohlenhydrate/g 58, Fett/g 64, Ballaststoffe/g 6

Süßer Kartoffelauflauf

einfach, braucht Zeit
6 Portionen

- 250 g tiefgekühlte Sauerkirschen, entsteint
- 3 EL brauner Rum
- 250 g mehlige Kartoffeln
- Salz
- 6 Eier
- 100 g Butter
- 90 g Zucker
- Schale von 1 unbehandelten Zitrone
- 90 g geschälte, geriebene Mandeln
- Butter für die Form

- 1 Auflaufform von 1,5 l Inhalt

Die Sauerkirschen in dem Rum einweichen, auftauen und einige Stunden ziehen lassen.

Kartoffeln waschen, schälen, vierteln und in Salzwasser weich kochen. Abgießen, ausdampfen lassen und noch warm durch die Kartoffelpresse drücken.

Die Eier trennen. Die Butter schaumig schlagen, nach und nach das Eigelb und den Zucker unterrühren, bis die Masse fast weich ist.

Die Zitronenschale fein abreiben. Aus den Kartoffeln, der Eimasse, den Mandeln und der Zitronenschale einen Teig rühren.

Das Eiweiß sehr steif schlagen und unter den Kartoffelteig heben.

Die Kirschen in ein Sieb gießen und kurz abtropfen lassen.

Die Auflaufform ausbuttern, die Hälfte der Kartoffelmasse hineingeben, die Kirschen darauf verteilen und mit dem restlichen Teig bedecken.

Im vorgeheizten Backofen bei 175 °C auf der mittleren Schiene gut 50 Minuten backen. Garprobe!

Zu diesem Auflauf passt Vanillesauce.

Nährwerte pro Portion
Kilokalorien 450, Kilojoule 1870, Eiweiß/g 11, Kohlenhydrate/g 33, Fett/g 28, Ballaststoffe/g 3,4

Reisauflauf mit Äpfeln

einfach, braucht Zeit, zum Einfrieren
4 Portionen

- 250 g Reis
- 1 l Milch
- Salz
- 1 EL Butter
- 4 Eier
- 1 unbehandelte Zitrone
- Fett für die Form
- 120 g Zucker
- 1 Päckchen Vanillinzucker
- 30 g Sultaninen
- 500 g Kochäpfel, z. B. Boskop

- 1 Auflaufform mit 22 cm Ø

Den Reis 3 Minuten in kochendem Salzwasser blanchieren, dann die Milch mit 1 Prise Salz und Butter zum Kochen bringen. Den Reis dazugeben und bei geschlossenem Topf ca. 20 Minuten bei mittlerer Hitze garen. Hitze abschalten und den Reis abkühlen lassen.

Inzwischen die Eier trennen. Das Eiweiß in den Kühlschrank stellen. Die Zitronenschale abreiben.

Die Auflaufform gut fetten. Eigelb, Zucker und Zitronenschale mit dem Handrührgerät zu einer dicken Creme schlagen und die Sultaninen untermischen. Die Eiercreme unter den abgekühlten Milchreis ziehen.

Die Äpfel waschen, schälen, vierteln und entkernen. Je nach Größe jedes Viertel in 2 bis 3 Spalten schneiden.

Das Eiweiß steif schlagen und vorsichtig unter die Masse heben. Die Apfelspalten zuunterst in die Form legen. Die Reismasse in die Form füllen und den Auflauf im vorgeheizten Backofen bei 180 °C 25 bis 30 Minuten goldbraun backen.

Etwas abkühlen lassen und ein feuchtes Küchentuch um die Form legen. Dann auf einen Teller stürzen und nach Belieben mit Himbeersirup und frischen Himbeeren garnieren.

Nährwerte pro Portion
Kilokalorien 820, Kilojoule 3420, Eiweiß/g 20, Kohlenhydrate/g 132, Fett/g 20, Ballaststoffe/g 4

Reisauflauf mit Kokosnuss

einfach, braucht Zeit
8 Portionen

Reismasse
- 100 g Kokosraspeln
- 900 ml Milch
- 100 g Rundkornreis
- Salz
- 60 g Zucker
- geriebene Schale von 1 unbehandelten Zitrone

Karamell
- 150 g Zucker

Eicreme
- 300 g Schlagsahne
- 1 Vanilleschote
- 4 Eier
- 100 g Zucker

- 1 flache feuerfeste Form mit 24 cm Ø

Die Kokosraspeln in einer Schüssel mit $^1/_2$ l heißer Milch übergießen und quellen lassen.

Inzwischen den Rundkornreis in kochendem Salzwasser 3 Minuten blanchieren und abgießen. Den gut abgetropften Reis mit 400 ml Milch und 60 g Zucker aufkochen und 30 Minuten ausquellen lassen.

Die Kokosmasse in ein Passiertuch füllen und die Milch auswringen, sie wird für die Eicreme verwendet. Die Kokosflocken mit dem Reisbrei mischen und die geriebene Zitronenschale einrühren.

Den Zucker mit 5 Esslöffel Wasser bei guter Mittelhitze kochen lassen, bis ein haselnussbrauner Karamell entsteht. Boden und Wand der Auflaufform mit dem Karamell ausgießen.

Den Backofen auf 180 °C vorheizen und in der Fettpfanne ein heißes Wasserbad vorbereiten.

Die ausgedrückte Kokosmilch abmessen und mit der Sahne auf insgesamt 600 ml auffüllen. Die Vanilleschote aufschlitzen, das Mark herauskratzen und samt der Schote, Schlagsahne und Milch in einem Topf einmal aufkochen.

In einer Schüssel die Eier und den Zucker verrühren – nicht schaumig schlagen! Die kochend heiße Vanillemilch unter Rühren zugießen, die Vanilleschote entfernen.

$^2/_3$ der Creme mit dem Kokosreis verrühren und in die mit Karamell ausgegossene Form füllen. Die Masse glatt streichen und die restliche Eicreme darüber gießen.

Die Form ins heiße Wasserbad setzen, die Temperatur auf 160 °C reduzieren und den Auflauf 1 Stunde garen. Die Form herausheben, auskühlen lassen und zugedeckt in den Kühlschrank stellen.

Nährwerte pro Portion
Kilokalorien 430, Kilojoule 1800, Eiweiß/g 9, Kohlenhydrate/g 43, Fett/g 23, Ballaststoffe/g 1,4

Dieses Gericht kann als Dessert oder statt Kuchen gereicht werden. Es ist eine südamerikanische Spezialität und heißt auf spanisch „Flan de Coco". In Lateinamerika liebt man Milchreis ebenso wie Kokosnüsse.

Zum Servieren den Flan vom Formrand lösen und in Kuchenstücke schneiden. Mit der Karamellflüssigkeit aus der Form beträufeln.

Scheiterhaufen

einfach, braucht Zeit
4 Portionen

- 5 altbackene Brötchen
- 75 g Sultaninen
- 500 g säuerliche Äpfel
- Butter für die Form
- 100 g Mandelstifte
- $^{1}/_{2}$ l Milch
- 200 g Schlagsahne
- 6 Eier
- abgeriebene Schale von 1 unbehandelten Zitrone
- 100 g Zucker
- 1 Päckchen Vanillinzucker
- 1 TL Zimtpulver
- 3 EL Butter

- 1 feuerfeste Form von 1,5 l Inhalt

Die Brötchen in dünne Scheiben schneiden. Die Sultaninen überbrühen und abtropfen lassen.

Die Äpfel schälen, halbieren, entkernen und in dünne Scheiben schneiden.

Die Form mit Butter ausstreichen und Brot- und Apfelscheiben fächerartig einfüllen. Mit Mandelstiften und Sultaninen bestreuen.

Die Milch und die Sahne zum Kochen bringen und vom Herd nehmen. Mit dem Schneebesen die Eier, Zitronenschale, Zucker, Vanillinzucker und Zimt unterschlagen und über Brot und Äpfel gießen.

Die Butter in Flöckchen darauf setzen. Im vorgeheizten Backofen bei 220 °C auf der 2. Schiene von unten ca. 40 Minuten goldbraun überbacken. In der Form auftragen.

Mit heißer oder kalter Vanillesauce servieren.

Nährwerte pro Portion
Kilokalorien 950, Kilojoule 3960, Eiweiß/g 26, Kohlenhydrate/g 91, Fett/g 53, Ballaststoffe/g 8,8

Ein Rezept aus Großmutters Küche, das nichts an Geschmack und Beliebtheit verloren hat.

Apfelcharlotte mit heißer Rumsauce

einfach, braucht Zeit
6 Portionen

- 250 g Pumpernickel, fein zerbröselt
- 1/4 l heiße Milch
- 75 g Sultaninen
- 8 EL Rum
- 4 große säuerliche Äpfel, z. B. Boskop
- 125 g Zucker
- 1 Zimtstange
- 1/2 Vanilleschote
- 1/4 l Weißwein
- 3 Eier, getrennt
- abgeriebene Schale von 1 unbehandelten Zitrone
- Salz
- Butter und Semmelbrösel für die Form
- 75 g Butter
- 4 Eigelb
- 5 EL Schlagsahne
- Zimt und Zucker zum Bestreuen

- 1 Auflaufform mit 18 cm Ø, 8–10 cm hoch

Den Pumpernickel mit der heißen Milch übergießen und 30 Minuten quellen lassen. Die Sultaninen im Rum einweichen.

Die Äpfel schälen, vierteln, entkernen und in Scheiben schneiden. Mit 1 Esslöffel Zucker, der Zimtstange und der aufgeschlitzten Vanilleschote im Weißwein langsam zum Kochen bringen und 5 Minuten dünsten. Dann abgießen, den Sud auffangen, Zimstange und Vanilleschote entfernen.

Die Sultaninen in ein Sieb abschütten, den Rum auffangen und zum Weinsud geben.

Das Eigelb mit 50 g Zucker schaumig schlagen und unter die Pumpernickelmasse rühren, die Zitronenschale untermischen. Das Eiweiß mit 1 Prise Salz sehr steif schlagen und zuletzt vorsichtig unter die Masse heben.

Die Backform ausfetten und mit Semmelbröseln ausstreuen. Schichtweise Pumpernickelmasse, Butterflöckchen, Apfelscheiben und Sultaninen einfüllen, als letzte Schicht

Pumpernickel mit der restlichen Butter in Flöckchen.

Im vorgeheizten Backofen bei 200 °C auf der untersten Schiene ca. 30 Minuten backen. Falls die Kruste zu hart wird, die Form mit Alufolie abdecken. Die fertige Apfelcharlotte in der Form etwas auskühlen lassen.

Inzwischen für die Sauce den Weinsud mit dem Eigelb und dem restlichen Zucker im Wasserbadeinsatz verrühren und über

das kochende Wasser auf den Topf setzen. Nach und nach die Schlagsahne angießen und die Sauce so lange schlagen und erhitzen, bis eine dicke schaumige Creme entsteht.

Die Apfelcharlotte auf eine vorgewärmte Platte stürzen, mit Zucker und Zimt bestreuen und die Rumsauce getrennt dazu servieren.

Nährwerte pro Portion
Kilokalorien 540, Kilojoule 2250, Eiweiß/g 11, Kohlenhydrate/g 63, Fett/g 24, Ballaststoffe/g 6,7

Eine österreichische Mehlspeise, die jede Sünde wert ist. Die Palatschinken sind dünne Eierkuchen (Crêpes), die aufs Köstlichste gefüllt und gebacken werden.

Topfenpalatschinken

einfach, braucht Zeit
4 Portionen

8 Palatschinken
- 90 g Mehl
- 100 ml Milch
- je 1 Prise Salz und Zucker
- 2 Eier
- 2 EL Öl
- 100 ml Mineralwasser mit Kohlensäure
- Fett zum Backen

Topfenfüllung
- 70 g Butter
- 70 g Zucker
- 1 Prise Salz
- fein geriebene Schale von $^{1}/_{2}$ unbehandelten Zitrone
- 3 Eier
- 200 g Schichtkäse (Topfen/Quark, Magerstufe)
- 60 g Sultaninen
- 30 g Zucker

Guss
- 2 Eier
- $^{1}/_{4}$ l Milch
- 2 EL Zucker
- 1 Päckchen Vanillinzucker

- $^{1}/_{2}$ EL Butter für die Form

- 1 rechteckige Auflaufform von 2 l Inhalt

Das Mehl in eine Schüssel sieben. Die Milch mit dem Schneebesen in das Mehl rühren, salzen, zuckern und den Teig 30 Minuten quellen lassen. Eier und Öl zugeben und den Teig glatt rühren. Kurz bevor die Palatschinken gebacken werden, das Mineralwasser in den Teig rühren.

Etwas Fett in einer Pfanne von 18 cm Durchmesser erhitzen und nach und nach 8 Palatschinken (Crêpes/Eierkuchen) backen. Die Palatschinken übereinander stapeln und auskühlen lassen.

Für die Füllung die Butter weich rühren, Zucker, Salz und Zitronenschale einrühren. Die Eier trennen, das Eigelb zugeben und die Masse schaumig rühren.

Den Schichtkäse in einem Mull- oder Passiertuch ausdrücken und nach und nach unter die Masse rühren.

Die Sultaninen überbrühen und unter die Topfenmasse heben. 3 Eiweiß mit 30 g Zucker zu steifem Schnee schlagen und mit einem Löffel vorsichtig unterziehen.

Die Auflaufform mit Butter ausstreichen.

Auf ein Drittel jedes Palatschinken etwas Topfenmasse setzen. Den Palatschinken zusammenrollen und die Enden einschlagen. Die Palatschinken eng nebeneinander in die gebutterte Auflaufform legen.

Für den Guss Eier, Milch, Zucker und Vanillinzucker mit dem Schneebesen gründlich schlagen und gleichmäßig über die Palatschinken gießen.

Das Gericht im vorgeheizten Backofen bei 200 °C auf der mittleren Schiene gut 45 Minuten backen.

Die Topfenpalatschinken möglichst heiß aus der Form servieren. Nach Belieben mit Puderzucker bestäuben. Dazu schmecken pochierte Aprikosenhälften, Zwetschgenröster oder Sauerkirschkompott.

Nährwerte pro Portion
Kilokalorien 790, Kilojoule 3330, Eiweiß/g 24, Kohlenhydrate/g 68, Fett/g 44, Ballaststoffe/g 1,6

Schwarzer Magister

einfach, braucht Zeit
6 Portionen

- 350 g getrocknete Backpflaumen ohne Stein
- $^{1}/_{4}$ l Weißwein
- 1 Zimtstange
- 1 l Milch
- 2 Päckchen Vanillinzucker
- 4 EL Zucker
- 4 Eier
- 2 Eigelb
- 400 g Weißbrot, in Scheiben geschnitten
- 250 g Butter
- 20 g Mandelsplitter
- 1 EL Puderzucker
- Fett für die Form

- 1 hohe feuerfeste Glasform mit 24 cm Ø

Die Backpflaumen mit dem Weißwein und der Zimtstange einmal aufkochen. Vom Herd nehmen und 1 Stunde ziehen lassen.

Die Pflaumen abgießen und gut abtropfen lassen, die Zimtstange entfernen, den Pflaumensud aufheben.

Den Pflaumensud mit Milch, Vanillinzucker, Zucker, Eiern und Eigelb verrühren.

Die Weißbrotscheiben portionsweise in 200 g Butter von beiden Seiten goldbraun ausbacken.

Die Form ausfetten. Lagenweise Brotscheiben und Backpflaumen einschichten, als letzte Lage Brot. Mit der Eimilch begießen. Die restliche Butter, Mandelsplitter und Puderzucker mit einer Gabel verkneten und in Flöckchen auf die Brotscheiben setzen. Im vorgeheizten Backofen bei 175 °C auf der untersten Schiene ca. 50 Minuten backen.

Den Auflauf in der Form servieren.

Dazu passt Apfelmus oder Vanillesauce.

Nährwerte pro Portion
Kilokalorien 760, Kilojoule 3200, Eiweiß/g 19, Kohlenhydrate/g 89, Fett/g 36, Ballaststoffe/g 7,9

Am besten schmeckt dazu der österreichische Zwetschgenröster, aber ein deutsches Pflaumenkompott tut's auch.

Mandel-Rahm-Strudel

braucht Zeit
6 Portionen

Strudelteig
- 200 g Mehl
- 40 g Zucker
- 1 Prise Salz
- 1 Ei
- 120 g Butter
- Mehl zum Verarbeiten
- 1 EL Öl

Füllung
- 100 g saftige große Sultaninen
- 140 g grob gemahlene Mandeln
- 70 g Butter
- 6 Eier, getrennt
- 2 Päckchen Vanillinzucker
- 2 TL Zimt
- 250 g saure Sahne
- 200 g Schlagsahne

- 1 rechteckige Auflaufform von 2 l Inhalt

Mehl, Zucker und Salz in eine Schüssel sieben und eine Mulde hineindrücken. 6 Esslöffel lauwarmes Wasser mit dem Ei und 20 g flüssiger Butter verquirlen und zugießen. Alle Zutaten vermischen. Der Teig ist zunächst weich und klebrig. Den Teig mit der Hand vom Schüsselrand ziehen und so lange durcharbeiten, bis er sich löst.

Die Arbeitsfläche bemehlen und den Teig etwa 10 Minuten kneten: pressen, kräftig drehen und schlagen, bis der Teig elastisch, glatt und seidig wirkt. Eine Kugel daraus formen und mit Öl bepinseln. Schüssel oder Topf mit kochendem Wasser ausspülen, trocknen und über den Teig stülpen. 30 bis 60 Minuten ruhen lassen.

Ein Leinentuch von ca. 120 x 70 cm auf die Arbeitsfläche legen und gleichmäßig mit Mehl bestäuben. Die Teigkugel in die Mitte legen und erst längs, dann in die Breite zu einem Rechteck ausrollen. Zum Ausziehen mit beiden Händen unter den Teig greifen und ihn von der Mitte nach außen über den Handrücken ziehen und dabei vorsichtig dehnen. Ringsum fortfahren, bis der Teig so groß wie das Tuch und durchsichtig ist. Die dickeren Teigränder abschneiden. Nach dem Ausziehen 10 Minuten antrocknen lassen.

In den 10 Minuten die Füllung zubereiten. Die Sultaninen in warmem Wasser quellen lassen und trocknen. Die Mandeln in einer trockenen, schweren Pfanne rösten.

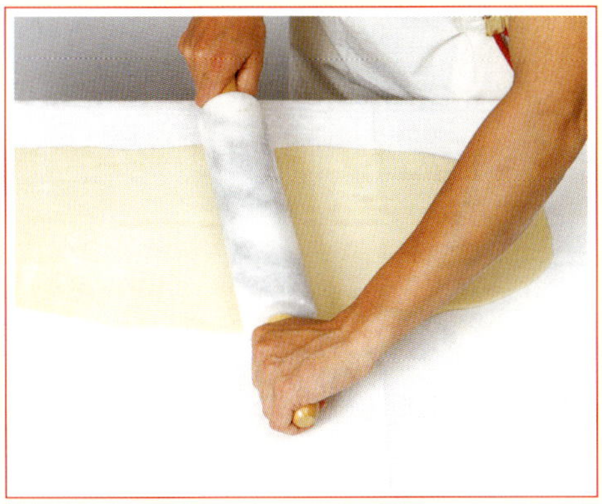

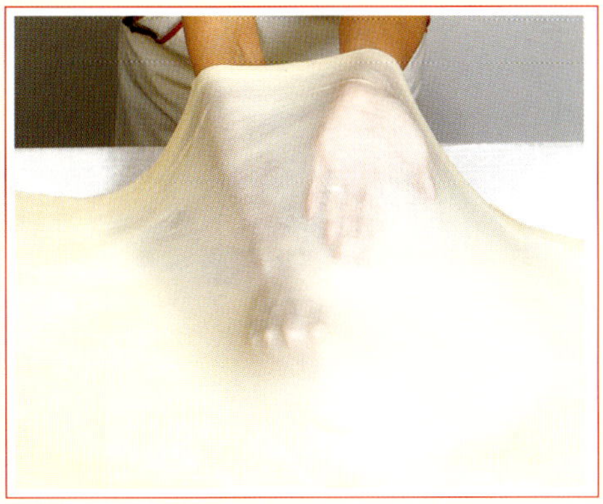

Butter, Eigelb, Vanillinzucker, Zimt, saure Sahne und die Mandeln verrühren. Das Eiweiß steif schlagen und unterziehen.

Den Teig mit weicher Butter bestreichen. Mandelschaum auf zwei Drittel des Strudelteigs streichen. Sultaninen darüber streuen. Rundum einen Rand lassen und auf die Füllung schlagen. Den Strudel durch Anheben des Tuchs aufrollen.

Die Form buttern und den Strudel vorsichtig hineinlegen. Die restliche Butter schmelzen und den Strudel damit bestreichen.

Im vorgeheizten Backofen bei 190 °C 30 Minuten backen. Dann mit der Sahne übergießen. Nach weiteren 15 Minuten ist der Strudel fertig.

Herausnehmen und 5 Minuten ruhen lassen, dann portionsweise abstechen. Nach Belieben mit Puderzucker bestäuben.

Nährwerte pro Portion
Kilokalorien 400, Kilojoule 1660, Eiweiß/g 6, Kohlenhydrate/g 37, Fett/g 24, Ballaststoffe/g 0

Pflaumen-Rahm-Strudel

einfach, braucht Zeit, zum Einfrieren
8 Portionen

- Strudelteig nach Rezept auf Seite 62 hergestellt
- Mehl für die Arbeitsfläche
- 100 g Butter
- 4 EL gemahlene Mandeln

Füllung
- 1 kg blaue Pflaumen oder Zwetschgen
- 100 g Kokosraspeln
- 80 g Sultaninen
- 50 g Pistazienkerne
- 4 Eier, getrennt
- 6 EL flüssiger Honig
- 400 g Schmand
- 100 g Zucker
- Zimtzucker aus: 6 EL Zucker, 1 TL Zimtpulver

Guss
- 150 ml Milch
- 150 g Schlagsahne
- 2 Eigelb
- 1 Päckchen Vanillinzucker

- 1 rechteckige Auflaufform von 3 l Inhalt oder die Fettpfanne des Backofens

Den Strudelteig zubereiten und ruhen lassen. Die Butter zerlassen und die gemahlenen Mandeln in einer trockenen, heißen Pfanne anrösten.

Inzwischen die Pflaumen waschen, trocknen, vierteln und entsteinen.

Die Kokosraspeln in einer trockenen, heißen Pfanne goldgelb anrösten. Die Sultaninen überbrühen und abtropfen lassen. Die Pistazienkerne grob hacken.

Das Eigelb und den Honig mit dem elektrischen Handquirl zu einer dicken, schaumigen Creme rühren. Den Schmand mit einem Schneebesen unterziehen. Das Eiweiß mit 1 Esslöffel Zucker steif schlagen, dabei in der letzten Phase den restlichen Zucker einrieseln lassen. Schnee und Eicreme in den Kühlschrank stellen.

Den Strudelteig teilen und 2 Platten hauchdünn ausziehen. Den Teig jeweils mit flüssiger Butter bestreichen und zu zwei Dritteln mit den gemahlenen Mandeln bestreuen (das ist die Fläche, die dann mit der Füllung belegt wird).

Den Eischnee vorsichtig unter die Eicreme ziehen und die Kokosraspeln unterheben. Die Hälfte der Masse auf den bestreuten Strudelteig verteilen und mit der Hälfte der Pflaumen belegen. 3 Esslöffel Zimtzucker darüber streuen und die Hälfte der Sultani-

Den Strudel nach dem Backen abkühlen lassen. Er schmeckt am besten lauwarm, aber auch kalt. Außerdem lässt er sich gut wieder aufwärmen. Dazu passt Vanillesauce.

nen und der Pistazien gleichmäßig verteilen. Den Strudel mit Hilfe des Tuchs zusammenrollen und die Enden einschlagen.

Die Auflaufform oder Fettpfanne mit Butter ausstreichen und den Strudel vom Tuch hineingleiten lassen. Den zweiten Strudel ebenso füllen, rollen und in die Form legen. Beide Strudel mit Butter bestreichen.

Den Pflaumen-Rahm-Strudel im vorgeheizten Backofen bei 180 °C auf der untersten Schiene 30 Minuten backen. Inzwischen den Guss aus Milch, Schlagsahne, Eigelb und Vanillinzucker rühren. Nach 30 Minuten den Strudel mit der Eiermilch übergießen und weitere 20 Minuten backen.

Nährwerte pro Portion
Kilokalorien 940, Kilojoule 3920, Eiweiß/g 14, Kohlenhydrate/g 84, Fett/g 60, Ballaststoffe/g 7,6

Klassische Gratins

nd Neues mit Kruste

Dies ist auch das Rezept für das Gratin auf dem Titelbild.

Gemüsegratin mit Kasseler

einfach, braucht Zeit, zum Einfrieren
6 Portionen

- 1 kg Kartoffeln, mehlig kochend
- 4 Zucchini
- 500 g große braune Egerlinge
- 12 Cocktailtomaten
- 500 g rohes Kasseler, ohne Knochen
- Butter für die Form
- 2 Knoblauchzehen
- Salz
- frisch gemahlener Pfeffer

Eicreme

- 1 Bund glatte Petersilie
- 6 Zweige frischer Thymian
- 1 EL frische Rosmarinnadeln
- 4 Eier
- 200 ml Milch
- 200 g Schlagsahne

- 1 ovale feuerfeste Form von 2 l Inhalt

Die Kartoffeln schälen, waschen und in Scheiben hobeln. Nur sehr dicke Kartoffeln längs halbieren.

Die Zucchini waschen, putzen und in dicke Scheiben schneiden. Die Egerlinge putzen und in nicht zu dünne Scheiben schneiden. Die Cocktailtomaten waschen, trocknen und halbieren.

Vom Kasseler das Fett abschneiden, das Fleisch der Länge nach halbieren und quer in 5 mm dicke Scheiben schneiden.

Die Form mit Butter ausstreichen. Kartoffeln, Zucchini, Pilze und Kasseler in abwechselnden Reihen einschichten. Die Cocktailtomaten dazwischen stecken.

Die Knoblauchzehen abziehen und fein hacken. Die Zutaten in der Form damit bestreuen und mit Salz und Pfeffer würzen.

Für die Eicreme die Petersilie waschen, trockenschütteln und fein hacken. Die Thymianblättchen von den Zweigen streifen. Die Rosmarinnadeln fein hacken. Die Eier mit Milch und Schlagsahne verquirlen, die Kräuter einrühren und mit Salz und Pfeffer würzen. Die Eicreme in die Form gießen.

Das Gemüsegratin im vorgeheizten Backofen bei 200 °C auf der 2. Schiene von unten etwa 1 Stunde backen. Nach Wunsch zuletzt den Infragrill einschalten, um die Oberfläche appetitlich zu bräunen. Das Gemüsegratin frisch aus dem Backofen servieren.

Nährwerte pro Portion
Kilokalorien 430, Kilojoule 1790, Eiweiß/g 28, Kohlenhydrate/g 27, Fett/g 23, Ballaststoffe/g 5,9

Anna-Kartoffeln

einfach, braucht Zeit
4 Portionen

- 1,2 kg Kartoffeln, fest kochend
- 120 g Butter
- Salz
- frisch gemahlener weißer Pfeffer

- 4 feuerfeste Portionsformen

Die Kartoffeln waschen, schälen und in gleichmäßig dünne Scheiben schneiden.

Die Gratinförmchen ausbuttern und die Kartoffelscheiben schuppenartig einlegen. Kräftig mit Salz und Pfeffer würzen. Die restliche Butter in Flöckchen darauf verteilen.

Im vorgeheizten Backofen bei 225 °C auf der mittleren Schiene ca. 50 Minuten backen. Falls die Kartoffeln zu braun werden, vor Ablauf der Garzeit mit Alufolie abdecken.

Anstelle der Butterflöckchen kann man vor dem Backen auch 200 g Crème fraîche und frische Kräuter wie Rosmarin oder Thymian über die Kartoffeln geben.

Nährwerte pro Portion
Kilokalorien 480, Kilojoule 2020, Eiweiß/g 7, Kohlenhydrate/g 51, Fett/g 25, Ballaststoffe/g 6,9

Tipp

Im Gegensatz zum Auflauf, der häufig in einer hohen Form gebacken wird, sollten die Zutaten für ein Gratin in einer möglichst weiten Form flach ausgelegt werden. Je weiter die Form, desto mehr appetitliche Kruste gibt es.

Kartoffelgratin

einfach, braucht Zeit
4 Portionen

- 1 kg Kartoffeln (mehlig kochend oder halb und halb)
- 60 g Butter
- 2 Knoblauchzehen
- Salz
- frisch gemahlener Pfeffer
- 100 g Schlagsahne
- 100 ml Milch

- 1 flache feuerfeste Form von 1,5 l Inhalt

Die Kartoffeln schälen, waschen und in nicht zu dünne Scheiben hobeln.

Die Gratinform mit der Hälfte der Butter ausstreichen. Die Knoblauchzehen abziehen, fein hacken und auf den Boden der Form streuen.

Die Kartoffelscheiben am besten dachziegelartig in einer Schicht in die Form legen und mit Salz und Pfeffer würzen. Die restliche Butter in Flöckchen darauf setzen. Die Schlagsahne mit der Milch mischen und angießen.

Den Backofen auf 220 °C vorheizen und die Form auf die mittlere Schiene stellen. Das Gratin backen, bis die Flüssigkeit hochkocht, dann die Temperatur auf 180 °C reduzieren und das Gratin weitere 40 Minuten backen.

Wird das Kartoffelgratin brauner gewünscht, in den letzten 15 Minuten auf Oberhitze schalten oder zuletzt unter dem Grill bräunen.

Nährwerte pro Portion
Kilokalorien 340, Kilojoule 1430, Eiweiß/g 6, Kohlenhydrate/g 32, Fett/g 21, Ballaststoffe/g 4,5

Zur Abwechslung kann man über das Gratin noch geriebenen Gruyère streuen.

Gratin dauphinois

einfach, braucht Zeit
4 Portionen

- 1 kg Kartoffeln, fest kochend
- 1 Knoblauchzehe
- 400 g Schlagsahne
- 1 Messerspitze geriebene Muskatnuss
- Salz
- frisch gemahlener weißer Pfeffer
- Butter für die Form

- 1 flache feuerfeste Form mit 26 cm Ø

Die Kartoffeln waschen, schälen und in dünne Scheiben hobeln oder schneiden.

Die Knoblauchzehe abziehen und mit der Presse in die Sahne drücken. Mit Muskatnuss, Salz und Pfeffer würzen.

Die Gratinform ausbuttern. Die Kartoffelscheiben schuppenartig einlegen und die gewürzte Sahne darüber gießen.

Im vorgeheizten Backofen bei 220 °C ca. 1 Stunde backen.

Nährwerte pro Portion
Kilokalorien 530, Kilojoule 2210, Eiweiß/g 8, Kohlenhydrate/g 46, Fett/g 32, Ballaststoffe/g 5,8

Variation

- 1 kg Kartoffeln, fest kochend
- 500 g Schlagsahne
- 4 Eigelb
- 2 Knoblauchzehen
- 1 Messerspitze geriebene Muskatnuss
- Salz
- frisch gemahlener weißer Pfeffer
- Butter für die Form

Die Kartoffeln waschen, schälen und in dünne Scheiben schneiden oder hobeln.

Die Sahne und das Eigelb verquirlen. Die Knoblauchzehen abziehen und mit der Knoblauchpresse in die Sahne drücken. Mit Muskatnuss, Salz und Pfeffer würzen.

Die Gratinform ausbuttern. Die Kartoffelscheiben schuppenartig einlegen und die Sahnesauce darüber gießen.

Im vorgeheizten Backofen bei 220 °C 50 Minuten überbacken.

Nährwerte pro Portion
Kilokalorien 680, Kilojoule 2850, Eiweiß/g 11, Kohlenhydrate/g 47, Fett/g 46, Ballaststoffe/g 5,8

Tipp

Besonders attraktiv ist das Gericht, wenn die letzte Schicht Kartoffeln fächerartig gelegt wird.

Bäckerkartoffeln mit Wildkräutern

einfach, braucht Zeit
4 Portionen

- 1 kg Kartoffeln, fest kochend
- 500 g weiße Zwiebeln
- 2 Knoblauchzehen
- 75 g Wildkräuter (z. B. Giersch, Sauerampfer, Löwenzahn, Vogelmiere)
- Butter für die Form
- Salz
- frisch gemahlener schwarzer Pfeffer
- 1/8 l Fleischbrühe
- 200 g Sahne
- 150 g Crème fraîche

- 1 feuerfeste Form mit 24 cm Ø und 6 cm Höhe

Die Kartoffeln waschen, schälen und in dünne Scheiben schneiden.

Die Zwiebeln und die Knoblauchzehen abziehen und ebenfalls in dünne Scheiben schneiden.

Die Wildkräuter gründlich waschen, grobe Stiele entfernen. Die Kräuter trockenschleudern und fein hacken.

Die feuerfeste Form reichlich mit Butter ausfetten. Kartoffeln und Zwiebeln lagenweise in die Form schichten, dabei jede Lage Kartoffeln mit Salz, Pfeffer und einigen Kräutern würzen. Die Fleischbrühe darüber gießen. Die Sahne und die Crème fraîche verrühren und über den Auflauf verteilen.

Im vorgeheizten Backofen bei 200 °C 1 Stunde backen. Nach der Hälfte der Garzeit die Form mit Alufolie abdecken, damit der Auflauf nicht zu trocken wird. Die letzten 5 Minuten die Folie wieder entfernen. Den Auflauf in der Form servieren.

Als Beilage gemischten Salat aus Blattsalaten, Tomaten und Gurken servieren.

Nährwerte pro Portion
Kilokalorien 440, Kilojoule 1850, Eiweiß/g 8, Kohlenhydrate/g 39, Fett/g 27, Ballaststoffe/g 7,7

Überbackene Schinken-Rahm-Kartoffeln

einfach
4 Portionen

- 1 kg Kartoffeln
- Salz
- 2 Zweige Rosmarin
- 2 Gemüsezwiebeln
- 250 g gekochter Schinken am Stück
- Fett für die Form
- 1 TL gerebelter Majoran
- 1/2 TL Paprikapulver edelsüß
- frisch gemahlener schwarzer Pfeffer
- 200 g Schlagsahne
- 4 Eier
- 150 g geriebener Käse, z. B. Edamer

- 1 ovale feuerfeste Form, 30 cm lang

Die Kartoffeln waschen und in der Schale in Salzwasser mit dem Rosmarin 20 Minuten kochen. Abschütten, mit kaltem Wasser abschrecken und etwas auskühlen lassen.

Die Kartoffeln schälen und in Würfel schneiden.

Die Zwiebeln abziehen und sehr fein hacken. Den Schinken in Würfel schneiden.

Die Form ausfetten. Die Zutaten abwechselnd in die Form schichten und mit Majoran, Paprika, Salz und Pfeffer würzen.

Die Sahne mit den Eiern verquirlen und über die Schinkenkartoffeln gießen. Den Käse darüber streuen. Im vorgeheizten Backofen bei 200 °C auf der 2. Schiene von unten ca. 25 Minuten backen, bis der Auflauf eine goldbraune Kruste hat.

Sehr heiß in der Form servieren.

Dazu Tomatensauce und gemischten Salat reichen.

Nährwerte pro Portion
Kilokalorien 600, Kilojoule 2510, Eiweiß/g 36, Kohlenhydrate/g 34, Fett/g 35, Ballaststoffe/g 5,3

Kartoffel-Pilz-Gratin

einfach, braucht Zeit, zum Einfrieren
2 Portionen

- 400 g Kartoffeln
- 250 g frische Shiitake-Pilze oder braune Egerlinge
- Fett für die Form
- 125 g Schlagsahne
- Salz
- frisch gemahlener weißer Pfeffer
- 2 Wacholderbeeren
- 2 TL trockener Sherry
- 60 g Crème fraîche
- 1 Handvoll Kerbel

- 1 Gratinform von 1 l Inhalt

Die Kartoffeln schälen, waschen und in dünne Scheiben hobeln. Die Pilze putzen, abreiben und ebenfalls in Scheiben schneiden. Beides dachziegelförmig in die gefettete Gratinform schichten.

Die Sahne steif schlagen, mit Salz, Pfeffer, fein zerdrückten Wacholderbeeren und Sherry würzen. Die Crème fraîche einrühren. Über die Kartoffeln verteilen und dazwischen die Kerbelblättchen einstreuen. Im vorgeheizten Backofen bei 200 °C auf der mittleren Schiene etwa 45 Minuten garen. Eventuell mit gefetteter Alufolie abdecken, wenn das Gratin zu dunkel wird.

Nährwerte pro Portion
Kilokalorien 500, Kilojoule 2100, Eiweiß/g 9, Kohlenhydrate/g 31, Fett/g 36, Ballaststoffe/g 7

Als Vorspeise, sättigende Hauptspeise mit Blattsalaten oder als Beilage zu Fleischgerichten servieren.

Gratinierte Miesmuscheln

einfach, Blitzrezept
2 Portionen

- 1 kg Miesmuscheln

Sud
- $^{1}/_{4}$ l Weißwein
- 1 Lorbeerblatt
- 1 Kräutersträußchen aus 1 Zweig Thymian, einigen Petersilienstängeln, 1 Zweig Estragon und etwas Kerbel
- 1 Zwiebel, gehackt
- 1 TL Pfefferkörner
- Salz

Füllung
- 100 g Semmelbrösel
- 75 ml Weißwein
- 1 Knoblauchzehe
- 25 g weiche Butter
- $^{1}/_{2}$ Bund Petersilie, gehackt
- 25 g Pinienkerne oder Mandelstifte
- Salz
- frisch gemahlener Pfeffer

Die Muscheln sorgfältig unter fließendem Wasser bürsten. Die Bärte entfernen.

Alle Zutaten für den Sud aufkochen, die Muscheln darin zugedeckt 5 bis 6 Minuten bei mittlerer Hitze garen. Mehrmals rütteln.

Dann die Muscheln auseinander brechen und die Schalenhälften mit dem Fleisch auf eine feuerfeste Platte legen.

Semmelbrösel in Weißwein einweichen. Die Knoblauchzehe abziehen, fein hacken und mit der Butter schaumig schlagen.

Petersilie, Semmelbrösel und Pinienkerne zugeben, mit Salz und Pfeffer abschmecken.

Die Muscheln mit der Masse bestreichen und im vorgeheizten Backofen unter dem Grill gratinieren.

Nährwerte pro Portion
Kilokalorien 450, Kilojoule 1870, Eiweiß/g 20, Kohlenhydrate/g 41, Fett/g 20, Ballaststoffe/g 3,5

Petersfisch mit feiner Kruste

einfach, Blitzrezept
4 Portionen

- 2 Petersfische à ca. 500 g oder 4 Filets, je ca. 150 g
- Salz
- 80 g weiche Butter
- $^{1}/_{2}$ Bund glatte Petersilie
- 2 Stängel Estragon
- 30 g Weißbrotbrösel
- 30 g Pinienkerne
- frisch gemahlener Pfeffer
- fein geriebene Schale von 1/2 Zitrone
- 400 ml Fischfond (Glas)
- 2 EL trockener weißer Wermut (Noilly Prat)

Garnitur
- $^{1}/_{2}$ Bund glatte Petersilie
- 1 große feste Strauchtomate
- 110 g kalte Butter
- 20 g Pinienkerne

Die Fische filetieren und die Filets mit Küchenpapier abtupfen und schwach salzen.

Die Butter in einem Schüsselchen kurz rühren. Petersilie und Estragon waschen, trockenschütteln und fein hacken. Die Kräuter und die Weißbrotbrösel zur Butter geben. Die Pinienkerne mahlen oder im Mörser stoßen und ebenfalls zugeben. Mit Salz, Pfeffer und Zitronenschale abschmecken. Diese Würzpaste auf die Fischfilets streichen.

Eine nicht zu große, flache feuerfeste Form wählen, in die die Fischfilets nebeneinander hineinpassen. Den Fischfond in die Form gießen, die Filets einlegen und im Backofen unter dem vorgeheizten Grill etwa 5 Minuten garen.

Achtung: Der Fond darf nicht kochen, sonst wird der Fisch zu fest und trocken.

Für die Garnitur die Petersilie waschen, trockenschütteln und die Blätter von den Stängeln zupfen. Die Tomate blanchieren, häuten, entkernen und in kleine Würfel schneiden. 10 g von der Butter abnehmen, zerlassen und Petersilie, Tomatenwürfel und Pinienkerne darin anbraten. Die Garnitur beiseite stellen.

Die gegarten Fischfilets aus dem Fond heben, auf einem Küchentuch kurz abtropfen lassen und auf vorgewärmte Teller setzen.

100 ml des Fischfonds und den Wermut in eine kleine Stielkasserolle geben und die restliche kalte Butter flöckchenweise mit dem Pürierstab einarbeiten. Die Garnitur mit der Sauce vermischen und die Filets auf den Tellern damit umgießen.

Nährwerte pro Portion
Kilokalorien 600, Kilojoule 2520, Eiweiß/g 36, Kohlenhydrate/g 6, Fett/g 49, Ballaststoffe/g 1,8

Heilbutt mit Muscheln überbacken

einfach, braucht Zeit, zum Einfrieren
4 Portionen

Sauce

- 40 g Butter
- 50 g Mehl
- 400 ml Fischfond
- 200 ml Weißwein
- 400 g Schlagsahne
- Salz
- frisch gemahlener weißer Pfeffer
- frisch geriebene Muskatnuss

- 1 Schalotte
- 1 Knoblauchzehe
- 1 EL Butter
- $^1/_4$ l Weißwein
- 1 TL Pfefferkörner
- 1 kg gemischte Muscheln oder kleine Miesmuscheln
- 2 Eigelb
- 2 Fleischtomaten

- 2 große Scheiben Heilbutt, je ca. 450 g
- 1 EL Butter

Für die Sauce die Butter zerlassen, das Mehl darin hell anschwitzen und unter ständigem Rühren die verschiedenen Flüssigkeiten zugießen. Die Sauce bei schwacher Hitze fast auf die Hälfte einkochen lassen, gelegentlich umrühren und dann mit Salz, Pfeffer und Muskatnuss abschmecken.

Die Schalotte und die Knoblauchzehe abziehen und grob hacken. Die Butter in einem weiten, flachen Topf zerlassen, Schalotte und Knoblauch darin anschwitzen und mit dem Weißwein ablöschen. Schwach salzen, die Pfefferkörner zugeben und den Sud bei mittlerer Hitze köcheln lassen.

Die Muscheln unter fließendem Wasser waschen, eventuell bürsten und von den Miesmuscheln den Bart entfernen. Die Muscheln in den kochenden Sud legen, den Topf fest mit dem Deckel verschließen und die Muscheln bei starker Hitze 4 bis 5 Minuten garen. Den Topf immer wieder rütteln.

Die gegarten Muscheln aus dem Sud heben, geschlossene Muscheln wegwerfen, einige Muscheln zur Dekoration in der Schale lassen, die anderen ausbrechen.

Den Muschelsud abseihen, 100 ml davon mit dem Eigelb verrühren und die Sauce damit binden. Nicht mehr kochen lassen!

Den restlichen Muschelsud in die Form gießen, in der das Gericht überbacken werden soll.

Die Tomaten blanchieren, die Haut abziehen, die Kerne entfernen und das Tomatenfleisch würfeln. Tomaten und alle Muscheln unter die Sauce heben.

Die Heilbuttscheiben waschen, trockentupfen und quer halbieren. Die Hälften nebeneinander in die Form legen, mit dem Deckel oder mit Alufolie abdecken und im vorgeheizten Backofen bei 180 °C 10 Minuten pochieren.

Die Form aus dem Ofen nehmen, die Heilbuttscheiben herausheben und auf Küchenpapier abtropfen lassen, den Sud abgießen und den Boden der Form mit der Butter ausstreichen. Die Fischscheiben gewendet wieder in die Form legen und die Muschelsauce darüber verteilen. Das Gericht im Backofen bei 250 °C und Oberhitze überbacken, bis die Sauce Farbe annimmt, aber nicht länger als 10 Minuten – lieber noch den Grill zuschalten!

Den Heilbutt in der Form auftragen oder portionsweise auf vorgewärmten Tellern anrichten: Je 1 Heilbuttscheibe mit Sauce und ganzen Muscheln auf ein Bett aus Blattspinat legen und mit Safran gewürzten Reis dazu reichen.

Nährwerte pro Portion
Kilokalorien 890, Kilojoule 3720, Eiweiß/g 63, Kohlenhydrate/g 18, Fett/g 56, Ballaststoffe/g 1,9

Gratinierte Fischröllchen

einfach
4 Portionen

- 800 g Fischfilets, z. B. Scholle, Felchen oder Seezunge
- Salz
- Saft von 1 Zitrone
- $^{1}/_{8}$ l Weißwein
- 800 ml Fischfond aus dem Glas
- Butter für die Form
- frisch gemahlener Pfeffer
- 1 g Safranpulver
- 35 g Butter
- 20 g Mehl
- 200 g Schlagsahne
- 100 g tiefgekühlte Garnelen
- 50 g Semmelbrösel

Die Fischfilets waschen und trockentupfen. Breite Stücke der Länge nach halbieren. Fisch leicht salzen und mit dem Zitronensaft beträufeln. Kurz ziehen lassen.

Die Filets einzeln mit der Hautseite nach innen aufrollen und mit Zahnstochern feststecken. In einer beschichteten Pfanne den Weißwein und den Fischfond zum Kochen bringen. Den Fisch einlegen und bei kleiner Hitze zugedeckt 10 Minuten ziehen lassen.

Eine feuerfeste Form mit Butter ausstreichen. Die Röllchen aus der Pfanne heben und in die Form legen. Etwas Pfeffer darüber mahlen.

Die Garflüssigkeit abseihen und 200 ml davon abmessen. Den Safran damit verrühren.

20 g Butter in einem Topf zerlassen, das Mehl einrühren und anschwitzen. Die Safran-Fisch-Brühe und die Schlagsahne angießen und die Béchamelsauce bei kleiner Hitze 20 Minuten ausquellen lassen.

Die Garnelen in die Sauce geben, kurz darin ziehen lassen.

Die Garnelensauce über die Fischfilets verteilen. Die Semmelbrösel darüber streuen und die restliche Butter in Flöckchen darauf setzen. Unter dem vorgeheizten Grill etwa 5 Minuten goldbraun gratinieren.

Fischröllchen auf vorgewärmten Tellern anrichten.

Nährwerte pro Portion
Kilokalorien 520, Kilojoule 2180, Eiweiß/g 49, Kohlenhydrate/g 15, Fett/g 26, Ballaststoffe/g 0,5

Hummer Thermidor

braucht Zeit
2 Portionen

- 1 gekochter Hummer, 800 g
- 100 ml Cognac
- 1 Schalotte
- 1 EL Butter
- 1 gehäufter EL Mehl
- $^1/_8$ l Hummerfond aus dem Glas
- je 1 TL scharfer Senf und Tomatenmark
- Salz
- Cayennepfeffer
- 125 g Schlagsahne
- 40 g geriebener Emmentaler

Den Hummer der Länge nach halbieren. Aus den Körperhälften Magen und Darm entfernen. Das Hummerfleisch aus dem Panzer und den Scheren auslösen und in Scheiben schneiden. Das Fleisch in eine Schüssel legen, mit dem Cognac beträufeln und 15 Minuten ziehen lassen.

Inzwischen die Schalotte abziehen und fein hacken.

In einer Kasserolle die Butter zerlassen und die Schalotte glasig dünsten. Das Mehl einrühren und goldgelb anschwitzen. Den Hummerfond unter Rühren angießen und 10 Minuten köcheln lassen. Die Sauce mit Senf, Tomatenmark, Salz und Cayennepfeffer abschmecken und vom Herd nehmen.

Die Schlagsahne halb steif schlagen. Die Sahne in die Sauce einrühren und das Hummerfleisch untermischen. Die Hummerschalenhälften auswaschen, trockentupfen, mit dem Ragout füllen und nebeneinander in eine feuerfeste Form setzen. Mit dem Emmentaler bestreuen und unter dem vorgeheizten Grill im Backofen goldbraun gratinieren.

Zu Hummer Thermidor passen Reis und Zuckerschoten.

Nährwerte pro Portion
Kilokalorien 580, Kilojoule 2420, Eiweiß/g 36, Kohlenhydrate/g 10, Fett/g 34, Ballaststoffe/g 0,9

Überkrustete Filetsteaks

einfach, zum Einfrieren
4 Portionen

- 4 kleine hohe Filetsteaks vom Rind, à 120 g
- 4 kleine hohe Filetsteaks vom Kalb, à 80 g
- 4 hohe Filetsteaks vom Schwein, à 60 g
- 12 dünne Scheiben Frühstücksspeck
- Öl
- Salz
- grob gemahlener schwarzer Pfeffer
- 4 große Markknochen
- $^1/_2$ Bund glatte Petersilie
- 1 Kästchen Kresse
- 1 TL getrockneter Thymian
- 4 EL Semmelbrösel
- 4 Strauchtomaten
- Zahnstocher

Die Steaks parieren (Häutchen und Fett wegschneiden). Jedes Steak mit einer Speckscheibe umwickeln und mit einem halben Zahnstocher feststecken. Die Steaks mit etwas Öl bestreichen, schwach salzen und grob gemahlenen Pfeffer in die Schnittflächen drücken.

Eine gefettete Grillpfanne stark erhitzen und die Steaks auf beiden Seiten je 2 Minuten braten. Dann herausheben und auf Küchenpapier abtropfen lassen.

Das Knochenmark auslösen und hacken. Die Petersilie waschen, trockenschütteln und die Blättchen fein hacken. Die Hälfte der Kresse ohne Stiele abschneiden. Das Mark mit allen Kräutern und den Semmelbröseln vermischen. Die Tomaten waschen, trocknen und oben über Kreuz einschneiden.

Den Infragrill im Backofen vorheizen. Ein Backblech mit Alufolie auslegen und die Steaks und Tomaten darauf setzen. Die Kräutermischung über die Steaks verteilen und leicht andrücken, den Rest in die Tomaten drücken. Das Blech auf die 2. Schiene von oben unter den Grill schieben und so lange gratinieren, bis das Mark zu schmelzen beginnt und die Kräuterkruste goldbraun wird.

Steaks und Grilltomaten portionsweise auf vorgewärmten Tellern anrichten, mit der restlichen Kresse garnieren und Remouladensauce dazu reichen.

Nährwerte pro Portion
Kilokalorien 790, Kilojoule 3300, Eiweiß/g 57, Kohlenhydrate/g 59, Fett/g 9, Ballaststoffe/g 1

Überbackene Hühnerbrüstchen

einfach, Blitzrezept
4 Portionen

- 2 ganze Hühnerbrüste ohne Knochen
- Salz
- frisch gemahlener weißer Pfeffer
- 3 EL Öl
- 30 g Butter
- 1 Aubergine
- 1 Knoblauchzehe
- 2 Tomaten
- 1 TL getrockneter Oregano
- 8 Scheiben Bergkäse (Fontina, junger Pecorino oder Gouda), je 40 g

Die Hühnerbrüste waschen, häuten, trockentupfen und diagonal halbieren. Mit Salz und Pfeffer würzen.

1 Esslöffel Öl und die Butter in einer Pfanne erhitzen und die Brüste darin anbraten. Herausnehmen und in eine gefettete Auflaufform legen.

Die Aubergine waschen, trockentupfen und quer in 8 dicke Scheiben schneiden. Das restliche Öl in die Pfanne geben, erhitzen und die Auberginenscheiben darin braten.

Inzwischen den Knoblauch abziehen und dazu pressen. Mit Salz und Pfeffer würzen. Die Auberginenscheiben auf die Hühnerbruststücke legen.

Die Tomaten waschen, trockentupfen, in 8 Scheiben schneiden und auf die Auberginen legen. Mit Oregano bestreuen und mit Käsescheiben belegen. Im vorgeheizten Backofen bei 200 °C ca. 15 Minuten bei Oberhitze fertig backen. Eventuell zuletzt zusätzlich den Grill zum Gratinieren einsetzen.

Nährwerte pro Portion
Kilokalorien 590, Kilojoule 2450, Eiweiß/g 49, Kohlenhydrate/g 37, Fett/g 37, Ballaststoffe/g 1,7

Baguette und ein kräftiger Weißwein sind die richtigen Begleiter für dieses Gericht.

Überbackene gefüllte Pfannkuchen

einfach, braucht Zeit, zum Einfrieren
4 Portionen

Teig
- 150 g Mehl
- 200 ml Milch
- 100 ml Mineralwasser mit Kohlensäure
- je 1 Prise Salz und Zucker
- 3 Eier
- 2 EL Öl
- Butterschmalz zum Backen

Füllung
- 2 EL Öl
- 250 g Rinderhackfleisch
- 1 Zwiebel
- 1 Knoblauchzehe
- 2 EL Tomatenmark
- 2 EL Schlagsahne
- 1 Bund glatte Petersilie
- 1 TL getrockneter Thymian
- Salz
- frisch gemahlener Pfeffer
- Butter für die Form

Guss
- 200 g Schlagsahne
- 3 Eigelb
- 1 Messerspitze frisch geriebene Muskatnuss
- 100 g geriebener Emmentaler

Aus den angegebenen Zutaten einen Eierkuchenteig rühren und 30 Minuten quellen lassen.

Inwischen das Öl in einer Kasserolle erhitzen und das Hackfleisch darin krümelig braten.

Die Zwiebel und die Knoblauchzehe abziehen, fein hacken und mit dem Hackfleich anbraten.

Das Tomatenmark mit der Schlagsahne verrühren und mit dem Fleisch vermischen.

Die Petersilie waschen, trockenschütteln, die Blätter fein hacken und mit dem Thymian zum Hackfleisch geben. Die Masse mit Salz und Pfeffer abschmecken und abkühlen lassen.

Aus dem Teig 6 Pfannkuchen in dem Butterschmalz backen und auf Küchenpapier abtropfen lassen.

Jeden Pfannkuchen mit Hackfleisch füllen, aufrollen und halbieren.

Eine flache feuerfeste Form mit Butter ausstreichen und die gefüllten Pfannkuchen hineinsetzen.

Dazu passen dick eingekochtes Tomatenmus und Blattsalate.

Für den Guss die Schlagsahne mit Eigelb verrühren. Muskatnuss und Reibkäse zugeben und die Masse über die Pfannkuchen verteilen.

Die Form auf die mittlere Schiene in den vorgeheizten Backofen stellen und die Pfannkuchen bei 220 °C 20 Minuten backen.

Die überbackenen Pfannkuchen in der Form servieren.

Nährwerte pro Portion
Kilokalorien 850, Kilojoule 3540, Eiweiß/g 35, Kohlenhydrate/g 34, Fett/g 58, Ballaststoffe/g 1,4

Überbackene mexikanische Pfannkuchen

einfach, braucht Zeit
4 Portionen

Teig

- 4 Eier
- 300 g Mehl
- 1 Messerspitze Backpulver
- 300 ml Milch
- 200 ml Mineralwasser mit Kohlensäure
- Salz
- 1 Prise Zucker
- 3 EL Butterschmalz zum Backen

Füllung

- 2 Zwiebeln
- 2 Knoblauchzehen
- 75 g Frühstücksspeck
- 2 EL Olivenöl
- 300 g Rinderhackfleisch
- $^{1}/_{2}$ TL Kreuzkümmel
- 1 TL Oregano
- Salz
- frisch gemahlener Pfeffer
- 2 frische grüne Chilischoten
- 2 grüne Paprikaschoten
- 1 kleine Dose Kidney-Bohnen, 400 g
- $^{1}/_{8}$ l Rotwein
- 200 g Gouda
- 1 kleine Dose passierte Tomaten, 400 g
- Fett für die Form

Aus den angegebenen Zutaten einen Pfannkuchenteig herstellen und 30 Minuten quellen lassen.

Die Zwiebeln und die Knoblauchzehen abziehen und hacken. Den Frühstücksspeck in schmale Streifen schneiden.

Das Olivenöl in einer tiefen Pfanne erhitzen und den Frühstücksspeck darin auslassen. Das Rinderhack beifügen und braten, bis es krümelig ist. Zwiebeln und Knoblauch zufügen und 5 Minuten mitdünsten. Mit Kreuzkümmel, Oregano, Salz und Pfeffer würzen.

Die Chili- und die Paprikaschoten waschen, halbieren und die Kerne entfernen. Chilischoten fein, Paprikaschoten grob würfeln.

Die Bohnen abgießen und mit den Chili- und Paprikaschoten zum Hackfleisch geben. Den Rotwein angießen und alles 15 Minuten köcheln.

In einer Pfanne mit 18 cm Durchmesser 8 Pfannkuchen im Butterschmalz ausbacken.

Zwei Drittel des Goudas in kleine Würfel schneiden und den restlichen Käse reiben. Die Käsewürfel unter die Hackfleischmasse geben.

Eine lange, flache Auflaufform ausfetten.

Die Füllung auf die Pfannkuchen verteilen, die Pfannkuchen einrollen und nebeneinander in die Form legen. Die passierten Tomaten über die Pfannkuchen verteilen, den Käse darüber streuen. Mit frisch gemahlenem Pfeffer würzen.

Im vorgeheizten Backofen bei 200 °C auf der mittleren Schiene ca. 25 Minuten überbacken.

Nährwerte pro Portion
Kilokalorien 1250, Kilojoule 5220, Eiweiß/g 62, Kohlenhydrate/g 94, Fett/g 62, Ballaststoffe/g 17

Rosenkohlgratin mit Haselnüssen

einfach, braucht Zeit
4 Portionen

- 1 kg Rosenkohl
- 2 Zwiebeln
- 1 Knoblauchzehe
- 2 EL Butter
- $^1/_4$ l Brühe
- 1 Messerspitze geriebene Muskatnuss
- Salz
- frisch gemahlener schwarzer Pfeffer
- 300 g Kasseler in ca. 1 cm dicken Scheiben
- Fett für die Form
- 50 g gehackte Haselnüsse
- 250 g Doppelrahmfrischkäse
- 4 Eier, getrennt

- 1 ovale feuerfeste Form, 30 cm lang

Den Rosenkohl putzen und waschen.

Die Zwiebeln und den Knoblauch abziehen und fein hacken.

Die Butter in einer Kasserolle erhitzen, Zwiebeln und Knoblauch darin glasig dünsten. Den Rosenkohl zugeben und die Brühe angießen. Mit Muskatnuss, Salz und Pfeffer würzen und bei mittlerer Hitze zugedeckt ca. 15 Minuten dünsten.

Das Kasseler in kleine Würfel schneiden, unter den Rosenkohl mischen und samt dem Sud in die gefettete Auflaufform umfüllen.

Die gehackten Haselnüsse in einer trockenen, heißen Pfanne unter Rühren anrösten.

Den Frischkäse mit dem Eigelb verrühren und über den Rosenkohl verteilen.

Das Eiweiß mit 1 Prise Salz sehr steif schlagen und zum Schluss die Haselnüsse unterheben. Den Eischnee auf den Auflauf häufen. Im vorgeheizten Backofen bei 175 °C auf der 2. Schiene von unten ca. 20 Minuten backen. In der Form auftragen.

Dazu schmeckt Kartoffelpüree.

Nährwerte pro Portion
Kilokalorien 630, Kilojoule 2640, Eiweiß/g 38, Kohlenhydrate/g 12, Fett/g 48, Ballaststoffe/g 10,3

Gefüllte Muschelnudeln

einfach
4 Portionen

- 1 Stange Lauch
- 2 Schalotten
- 1 Knoblauchzehe
- 70 g Walnusskerne
- 150 g Mozzarella-Käse
- 200 g Ricotta
- 50 g geriebener Pecorino
- Salz
- frisch gemahlener Pfeffer
- 300 g große Muschelnudeln
- Butter für die Form
- 1 kleine Dose gehackte Tomaten, 400 g
- 2 Eier
- 250 g Schlagsahne
- 1 TL Oregano

Den Lauch putzen, gründlich waschen und fein hacken. Die Schalotten und den Knoblauch abziehen und hacken. Die Walnusskerne im Mörser grob zerstoßen.

Für die Füllung Mozzarella, Ricotta, Pecorino, Lauch, Schalotten, Knoblauch und Walnüsse vermengen, mit Salz und Pfeffer abschmecken.

In kochendem Salzwasser die Muschelnudeln 10 Minuten bissfest garen. Abgießen und gut abtropfen lassen.

Eine weite Gratinform ausfetten. Die gehackten Tomaten mit Salz und Pfeffer würzen und auf dem Boden der Form verteilen. Die Muschelnudeln mit der Käsemischung füllen und mit der offenen Seite nach oben nebeneinander in die Form setzen.

Die Eier mit der Sahne und dem Oregano verquirlen und über die gefüllten Nudeln gießen.

Die Auflaufform mit Alufolie abdecken.

Im vorgeheizten Backofen auf der mittleren Schiene bei 200 °C ca. 25 Minuten backen. Die Folie entfernen und das Gericht weitere 5 Minuten backen. In der Form servieren.

Nährwerte pro Portion
Kilokalorien 800, Kilojoule 3370, Eiweiß/g 32, Kohlenhydrate/g 61, Fett/g 44, Ballaststoffe/g 4,5

Überbackener Chicorée

einfach
4 Portionen

- 4 große Kolben Chicorée
- $^{1}/_{2}$ unbehandelte Zitrone
- Salz
- 1 TL Zucker

Sauce
- 30 g Butter
- 30 g Mehl
- 400 g Schlagsahne
- frisch gemahlener weißer Pfeffer
- frisch geriebene Muskatnuss
- 2 Eigelb

- Butter für die Form
- 4 Scheiben gekochter Schinken
- 100 g frisch geriebener Gouda
- 2 EL Semmelbrösel

Den Chicorée putzen, waschen und das Kolbenende keilförmig ausschneiden, weil es häufig bitter ist. Die Schnittstellen mit Zitrone einreiben.

Salzwasser mit Zucker aufkochen, den Chicorée und die Zitrone einlegen und 10 Minuten bei mittlerer Hitze kochen lassen. Den Chicorée herausheben und mit den Spitzen nach unten in ein Sieb stellen, damit er gründlich ablaufen kann.

Inzwischen die Sauce zubereiten: Die Butter schmelzen, das Mehl darin hell anschwitzen und unter ständigem Rühren mit der Sahne aufgießen. 10 Minuten köcheln lassen und mit Salz, Pfeffer und Muskatnuss abschmecken. 2 Eigelb mit etwas Sauce in einer Tasse verrühren, den Topf vom Herd nehmen und die Sauce mit dem Ei binden. Nicht mehr aufkochen lassen!

Eine Auflaufform mit Butter ausstreichen. Die Chicoréekolben leicht ausdrücken, jeden Kolben mit 1 Scheibe Schinken umwickeln und in die Form legen. Die Sauce über den Chicorée verteilen. Den geriebenen Käse mit den Semmelbröseln mischen und das Gericht damit bestreuen.

Die Form auf der mittleren Schiene in den vorgeheizten Backofen stellen und den Chicorée bei 250 °C und Oberhitze oder unter dem

Grill gratinieren, bis die Käsedecke eine appetitliche goldbraune Farbe annimmt.

Sofort in der Form servieren.

Nährwerte pro Portion
Kilokalorien 620, Kilojoule 2600, Eiweiß/g 18, Kohlenhydrate/g 15, Fett/g 51, Ballaststoffe/g 2,6

Zu kurz gebratenem Fisch oder Fleisch reichen.

Gratinierter Spinat

einfach, Blitzrezept
4 Portionen

- 160 g Butter
- 1 kg Blattspinat
- 1 Prise Salz
- 2 Schalotten
- 2 Knoblauchzehen
- 20 g Butter
- 1 Prise frisch geriebene Muskatnuss
- 2 EL Flüssigkeit (Wasser, Weißwein, Essig, Zitronensaft, Fond)
- 2 Eigelb
- 1 Prise Salz
- 1 Prise weißer Pfeffer

- 4 feuerfeste Portionsförmchen

Die Butter für die Sauce hollandaise klären.

Den Spinat verlesen, grobe Stiele entfernen, Spinatblätter mehrmals gründlich waschen und tropfnass in den Topf geben. Zugedeckt bei schwacher Hitze 2 bis 3 Minuten zusammenfallen lassen, einmal wenden und 1 Prise Salz hinzugeben.

Die Schalotten und die Knoblauchzehen abziehen und fein hacken. 20 g Butter in einer Pfanne aufschäumen lassen, Schalotten und Knoblauch darin glasig dünsten. Den abgetropften Spinat in der Pfanne wenden, mit Muskatnuss würzen und warm halten.

Den Grill im Backofen vorheizen und die Sauce hollandaise zubereiten: Flüssigkeit, Eigelb, Salz und Pfeffer in eine Schüssel geben. Die geklärte Butter einmal aufkochen und vom Herd nehmen. Eigelb mit Zutaten glatt schlagen. Die heiße Butter erst tropfenweise, dann in dünnem Strahl zugießen. Dabei ständig mit dem Schneebesen kräftig schlagen. Die Sauce wird schnell schaumig und dicker.

Die Böden der Förmchen mit je 1 Esslöffel Sauce hollandaise ausstreichen. Spinat in die Förmchen verteilen und mit der restlichen Sauce überziehen. Den Spinat unter dem vorgeheizten Grill 2 bis 3 Minuten goldgelb gratinieren. Die Sauce darf nur an der Oberfläche backen, darunter bleibt sie cremig weich.

Nährwerte pro Portion
Kilokalorien 420, Kilojoule 1780, Eiweiß/g 8, Kohlenhydrate/g 2, Fett/g 41, Ballaststoffe/g 4,1

Pochierte Eier auf Spinat mit Sauce Mornay

braucht Zeit
4 Portionen

- 8 frische Eier
- Essig
- Salz
- 1/4 l Milch
- frisch gemahlener Pfeffer
- frisch geriebene Muskatnuss
- Mehlbutter aus: 20 g Butter und 20 g Mehl
- 600 g Blattspinat
- 1/2 Zwiebel
- 1 Knoblauchzehe
- 60 g Butter
- 80 g geriebener Gruyère-Käse

Die Eier zum Pochieren sollten nicht älter als 1 Woche und gut gekühlt sein.

2 Liter Wasser mit 4 Esslöffel Essig und 1 gestrichenen Esslöffel Salz aufkochen. Die Hitze zurückschalten, die Eier einzeln in eine kalt gespülte Suppenkelle schlagen und ins heiße Wasser tauchen. Die Kelle erst tief im Wasser umdrehen und das Ei hinausgleiten lassen. Das Eiweiß sofort mit 2 Löffeln zusammenhalten, damit es in Form bleibt. Nach etwa 2 Minuten beginnt das Eiweiß fest zu werden, nun noch weitere 2 Minuten pochieren. Nach insgesamt 4 Minuten ist das Ei außen fest, das Eigelb im Inneren aber noch flüssig. Pochierte Eier mit einer Schaumkelle herausheben, die Eiweißfäden

abschneiden und die Eier bis zur weiteren Verwendung in lauwarmes Wasser legen.

Für die Sauce Mornay die Milch mit Salz, Pfeffer und Muskatnuss aufkochen. Die Butter mit dem Mehl zu einem kleinen Kloß verkneten und flöckchenweise in die kochende Milch rühren. Die Sauce bei guter Mittelhitze mindestens 15 Minuten kochen lassen.

Die Spinatblätter waschen, verlesen und die dicken Stiele entfernen. Die Zwiebel und den Knoblauch abziehen und fein hacken. 50 g Butter in einer Kasserolle zerlassen und Zwiebel und Knoblauch darin anschwitzen. Die nassen Spinatblätter zugeben, den Deckel auflegen und den Spinat dünsten, bis er zusammenfällt. Dann mit Salz, Pfeffer und Muskatnuss würzen, gut durchrühren und den Spinat im offenen Topf dünsten, bis die Flüssigkeit verdampft ist.

Eine weite Auflaufform mit der restlichen Butter ausstreichen und mit dem abgedämpften Spinat füllen. Die pochierten Eier gut abtropfen lassen und auf das Spinatbett setzen. Den geriebenen Gruyère in die Sauce rühren. Der Käse soll sich auflösen, die Sauce darf aber nicht mehr kochen. Die Eier mit der Sauce überziehen und unter dem vorgeheizten Grill im Backofen goldbraun gratinieren.

Nährwerte pro Portion
Kilokalorien 500, Kilojoule 2100, Eiweiß/g 26, Kohlenhydrate/g 9, Fett/g 38, Ballaststoffe/g 1,9

Grießgnocchi römische Art

Tipp

Grießgnocchi mit Tomatenmus als Vorspeise reichen. Zu kurz gebratenem oder gegrilltem Fleisch, Geflügel oder Fisch sind sie eine feine Beilage.

einfach
4 Portionen

- 150 g Maisgrieß (Polenta)
- 2 Eier
- $^{1}/_{2}$ l Milch
- Salz
- frisch gemahlener schwarzer Pfeffer
- etwas frisch geriebene Muskatnuss
- 120 g geriebener Parmesan
- 100 g zerlassene Butter
- 4 große reife Fleischtomaten
- 1 Zwiebel
- 1 EL Olivenöl
- 1 kleine Chilischote
- 3 Zweige frisches Basilikum

Grieß und Eier in einem Topf mit schwerem Boden vermischen und nach und nach die Milch einrühren. Mit Salz, Pfeffer und Muskatnuss würzen und 50 g Parmesan einrühren. Unter Rühren ganz langsam erhitzen. Wenn die Masse fest wird, die Hälfte der Butter einrühren. Gut 2 cm hoch auf eine Platte oder ein Blech streichen und – damit sich keine Haut bildet – mit Butter bestreichen. Abkühlen lassen.

Aus der Masse mit Löffeln kleine Nocken abstechen und diese eng nebeneinander in eine gebutterte feuerfeste Form setzen. Mit der übrigen zerlassenen Butter beträufeln und mit dem restlichen Parmesan bestreuen.

In den vorgeheizten Backofen stellen und bei 200 °C goldbraun überbacken.

Inzwischen die Tomaten blanchieren, häuten, entkernen und grob hacken. Die Zwiebel abziehen und klein würfeln, in Öl in einem Topf glasig dünsten. Die Chilischote putzen, aufschlitzen, waschen und die Kernchen gründlich entfernen. Die Schote winzig klein hacken, mit den Tomaten zu den Zwiebelwürfeln geben. Musig einkochen lassen, mit Salz und Pfeffer würzen. Die Basilikumblätter waschen, fein schneiden und einrühren.

Nährwerte pro Portion
Kilokalorien 670, Kilojoule 2800, Eiweiß/g 28, Kohlenhydrate/g 43, Fett/g 42, Ballaststoffe/g 5

Kartoffelgnocchi

einfach
4 Portionen

- 500 g Kartoffeln, mehlig kochend
- Salz
- 1 Eigelb
- 100–120 g Mehl, je nach Kartoffelsorte
- geriebene Muskatnuss
- Butter für die Form und die Flöckchen
- 3 EL Reibkäse

Die Kartoffeln schälen, waschen und in Salzwasser kochen. Abgießen, ausdämpfen lassen und heiß durch die Presse drücken. Die Kartoffelmasse abkühlen lassen.

Das Eigelb und so viel Mehl untermengen, dass ein nicht zu fester Teig entsteht. Mit Salz und Muskatnuss abschmecken.

In einem weiten Topf reichlich Salzwasser aufkochen. Den Kartoffelteig in den Spritzbeutel mit großer Lochtülle füllen. Gut 2 cm lange Teigstücke in das Wasser drücken und mit einer Messerklinge abschneiden, die immer wieder in das kochende Wasser getaucht wird. Dann die Hitze so weit reduzieren, dass das Wasser nur noch simmert. Wenn alle Gnocchi aufgestiegen sind, noch 8 Minuten ziehen lassen.

Die Gnocchi herausheben und in einem Durchschlag abtropfen lassen.

Eine weite Gratinform buttern und die Gnocchi möglichst flach auslegen. Mit Reibkäse bestreuen, Butterflöckchen darauf verteilen und im vorgeheizten Backofen bei 220 °C goldbraun überbacken.

Nährwerte pro Portion
Kilokalorien 290, Kilojoule 1220, Eiweiß/g 8, Kohlenhydrate/g 36, Fett/g 13, Ballaststoffe/g 3,5

Gratinierte Kartoffelgnocchi passen gut als Beilage zu allen Gerichten mit Sauce.

Aprikosen-Mandel-Gratin

einfach, braucht Zeit
4 Portionen

- 100 g Mehl
- 100 g gemahlene geschälte Mandeln
- 100 g feiner Zucker
- 1 Prise Salz
- 150 g Butter
- 100 g Pinienkerne
- 100 g ganze geschälte Mandeln
- 10 große reife Aprikosen
- Butter für die Form
- Puderzucker zum Bestäuben

- 1 flache feuerfeste Form, 30 cm lang

Mehl, gemahlene Mandeln, Zucker, Salz und Butterwürfel in eine Schüssel geben. Die Zutaten rasch verkneten und mit den Fingern Streusel formen. Dabei die Pinienkerne und Mandeln zugeben.

Die Aprikosen waschen, trocknen, halbieren und entsteinen. Die Form mit Butter ausstreichen. Die Aprikosenhälften mit der Schnittfläche nach oben in die Form legen.

Die Streusel gleichmäßig über die Aprikosen verteilen, ohne sie platt zu drücken. Die Form in den vorgeheizten Backofen bei 180 °C auf die mittlere Schiene stellen und das Gratin 50 Minuten backen.

Das fertige Gericht abkühlen lassen, mit Puderzucker bestäuben und noch lauwarm servieren.

Dazu passen mit Vanille abgeschmeckte halb steife Schlagsahne, Vanillesauce und einfach glatt gerührte Crème fraîche.

Nährwerte pro Portion
Kilokalorien 940, Kilojoule 3930, Eiweiß/g 19, Kohlenhydrate/g 56, Fett/g 71, Ballaststoffe/g 12,6

Rhabarbergratin

einfach
4 Portionen

- 1 kg Rhabarber
- 200 g Zucker
- 1 TL Zimtpulver
- 200 ml Weißwein

Creme
- 3 Eigelb
- 300 g Puderzucker
- 2 cl Grand Marnier
- 250 g Crème fraîche

- 8 Löffelbiskuits vom Bäcker

- 1 feuerfeste Platte oder flache Form, 30 cm lang

Die Rhabarberstangen waschen, abziehen und in 3 cm lange Stücke schneiden. Den Rhabarber in einen weiten Topf legen, mit Zucker und Zimt bestreuen und durchmischen. Den Wein seitlich angießen. Den Topf zudecken und den Rhabarber bei schwacher Hitze weich dünsten. Die Stückchen dürfen nicht zerfallen!

Für die Creme das Eigelb mit dem Puderzucker schaumig schlagen, den Grand Marnier einrühren und zuletzt die Crème fraîche mit einem Schneebesen unterziehen.

Die Löffelbiskuits je nach Größe halbieren oder in 3 Stücke schneiden.

Die Rhabarberstücke gut abtropfen lassen und abwechselnd mit dem Biskuit auf eine feuerfeste Platte legen. Die Creme darüber verteilen. Die Platte in den vorgeheizten Backofen bei 275 °C auf die mittlere Schiene stellen. Das Rhabarbergratin ist fertig, wenn die Creme gestockt ist und sich die ersten dunklen Spitzen bilden.

Frisch aus dem Ofen servieren.

Nährwerte pro Portion
Kilokalorien 790, Kilojoule 3320, Eiweiß/g 10, Kohlenhydrate/g 122, Fett/g 27, Ballaststoffe/g 5

Die Creme servieren, wenn der Karamellspiegel abgekühlt ist, oder die Portionen einfrieren und halb angetaut servieren. Die Konsistenz ist dann ähnlich wie bei Eisparfait.

Crème brûlée

braucht Zeit, zum Einfrieren
4 Portionen

- 1 l Milch
- Schale von 1/2 unbehandelten Zitrone
- 1/2 Zimtstange
- 1 Messerspitze gemahlener Kümmel
- 6 Eigelb
- 250 g Zucker
- 50 g Stärkemehl

- 4 feuerfeste Portionsförmchen

Die Milch mit der Zitronenschale, der Zimtstange und dem Kümmel langsam aufkochen. Dann die Hitze abstellen und die Milch mit den Gewürzen 10 Minuten ziehen lassen. Danach die Milch abseihen und auskühlen.

Das Eigelb mit 200 g Zucker in einer Schüssel rühren, bis sich der Zucker aufgelöst hat und eine sehr feine weiße Creme entsteht.

Von der kalten Milch eine Tasse voll abnehmen und darin das Stärkemehl anrühren. Die restliche Milch mit der Eicreme in einen Topf geben – am besten in einen Saucentopf mit doppeltem Boden – und langsam erhitzen. Dabei ständig und immer in derselben Richtung rühren.

Wenn die Creme einzudicken beginnt, die Milch mit dem Stärkemehl einrühren. Die Creme weiter erhitzen und beim Rühren über den ganzen Topfboden fahren. Aufpassen, dass die Creme nicht zum Kochen kommt, sonst gerinnt sie. Die eingedickte Creme auf die feuerfesten Portionsförmchen verteilen und auskühlen lassen.

Für den Karamellspiegel den Grill im Backofen vorheizen. Die Hälfte des restlichen Zuckers auf die Cremeportionen streuen und unter dem Grill goldgelb brennen. Den restlichen Zucker aufstreuen und den Karamellspiegel ein zweites Mal unter dem Grill brennen.

Nährwerte pro Portion
Kilokalorien 560, Kilojoule 2350, Eiweiß/g 13, Kohlenhydrate/g 85, Fett/g 18, Ballaststoffe/g 0,1

Gefüllte Orange mit Baiserhaube

einfach
2 Portionen

- 1 Orange
- 1 Eiweiß
- 50 g Puderzucker
- etwa 100 g Vanilleeis

Die Orange heiß abwaschen, abtrocknen und quer halbieren. Mit einem Grapefruitmesser das Orangenfleisch aus den Hälften lösen und die halben Filets aus den Trennhäuten schneiden.

Das Eiweiß zu steifem Schnee schlagen, dabei den Puderzucker einrieseln lassen.

Gut 1 Esslöffel Vanilleeis in jede Orangenhälfte geben, die Fruchtfilets gleichmäßig darauf verteilen und mit Vanilleeis bedecken.

Die Fruchthälften in eine Gratinform oder auf einen feuerfesten Teller setzen.

Die Baisermasse in einen Spritzbeutel mit großer Sterntülle füllen. Auf jede Orangenhälfte eine Haube spritzen und die Orangenhälften auf der untersten Schiene in den vorgeheizten Backofen stellen. Bei 200 °C backen, bis die Baiserhaube goldbraun wird.

Sofort servieren.

Nährwerte pro Portion
Kilokalorien 260, Kilojoule 1100, Eiweiß/g 4, Kohlenhydrate/g 42, Fett/g 9, Ballaststoffe/g 2

Rahmäpfel

einfach
4 Portionen

- 4 große feste Äpfel, 750 g (Boskop oder Prinz)
- 75–100 g Zucker
- 200 g Crème double (ersatzweise Crème fraîche)

Die Äpfel schälen und quer halbieren. Das Kernhaus so ausstechen, dass keine Löcher entstehen.

Die Apfelhälften mit der Schnittfläche nach oben in eine weite Auflaufform setzen und dick mit 4 Esslöffel Zucker bestreuen. Reichlich Rahm in die Höhlungen gießen, ein Teil muss in die Form fließen.

Die Form in den vorgeheizten Backofen auf die mittlere Schiene setzen. Die Äpfel bei 200 °C 30 bis 35 Minuten backen.

Nährwerte pro Portion
Kilokalorien 390, Kilojoule 1620, Eiweiß/g 2, Kohlenhydrate/g 46, Fett/g 22, Ballaststoffe/g 3,5

Mandelschaumäpfel

einfach
4 Portionen

- 4 kleine säuerliche Äpfel, z. B. Cox Orange
- Schale von $\frac{1}{2}$ unbehandelten Zitrone
- $\frac{1}{2}$ Zimtstange
- 60 g Rohmarzipan
- 2 Eier, getrennt
- 2 EL Zucker
- 1 Päckchen Vanillinzucker
- 1 EL gemahlene geschälte Mandeln
- Butter für die Förmchen

Die Äpfel waschen und das Kernhaus ausstechen.

$\frac{1}{2}$ l Wasser mit der Zitronenschale und der Zimtstange zum Kochen bringen und die Äpfel darin 15 Minuten pochieren, dabei mehrmals wenden. Vom Herd nehmen und im Sud etwas abkühlen lassen.

Das Rohmarzipan in die Äpfel füllen.

Das Eiweiß halb steif schlagen. Den Zucker einrieseln lassen und den Schnee steif schlagen.

Das Eigelb mit dem Vanillinzucker und 1 Esslöffel Eischnee schaumig schlagen. Dann die gemahlenen Mandeln und den restlichen Eischnee vorsichtig unterheben.

4 feuerfeste Förmchen mit Butter ausfetten. In jedes Förmchen einen Apfel setzen und mit jeweils $\frac{1}{4}$ der Eischneemasse verhüllen. Im vorgeheizten Backofen bei 180 °C auf der mittleren Schiene ca. 12 Minuten backen.

Sofort in den Förmchen servieren.

Nährwerte pro Portion
Kilokalorien 230, Kilojoule 970, Eiweiß/g 6, Kohlenhydrate/g 28, Fett/g 19, Ballaststoffe/g 4,1

Quiches und Tartes

Lauch-Schinken-Kuchen

einfach, braucht Zeit, zum Einfrieren
6 Portionen

Teig
- 150 g Mehl
- 1 Ei
- 2 EL Milch
- Salz
- 1 Messerspitze Estragon
- 100 g geriebener Emmentaler
- 1 kleine Zwiebel
- 75 g Butter

Belag
- 500 g Lauch
- 100 g Frühstücksspeck in dünnen Scheiben
- 150 g gekochter Schinken
- 3 Eier
- 125 g Schlagsahne
- Salz
- frisch gemahlener weißer Pfeffer

- Butter für die Form
- Mehl für die Arbeitsfläche

- 1 feuerfeste Form mit 24 cm Ø

Das Mehl auf die Arbeitsfläche sieben und in die Mitte eine Mulde drücken. Das Ei, die Milch, 1 Prise Salz, den Estragon und den Emmentaler hineingeben.

Die Zwiebel abziehen und dazureiben. Die Butter in Flöckchen auf den Rand setzen. Alles schnell zu einem glatten Teig verkneten. Den Teig zu einer Kugel formen und zugedeckt 1 Stunde im Kühlschrank ruhen lassen.

Inzwischen den Lauch putzen, der Länge nach halbieren und gründlich waschen. Den Lauch in etwa 1 cm lange Stücke schneiden.

Salzwasser zum Kochen bringen und den Lauch darin kurz blanchieren. Abgießen, mit kaltem Wasser abschrecken und gut abtropfen lassen.

Den Frühstücksspeck und den Schinken in etwa 3 cm lange Streifen schneiden. In einer trockenen Pfanne den Speck auslassen. Den Schinken untermischen, kurz mitbraten. Vom Herd nehmen und abkühlen lassen.

Die Eier mit der Sahne, Salz und Pfeffer verquirlen.

Die feuerfeste Form mit Butter ausfetten. Den Teig auf der bemehlten Arbeitsfläche dünn ausrollen, die Form damit auslegen und den Teig am Rand hochziehen.

Lauch, Speck und Schinken auf dem Teig verteilen, die Ei-Sahne-Mischung darüber gießen.

Im vorgeheizten Backofen bei 200 °C auf der mittleren Schiene etwa 40 Minuten backen.

Den Lauch-Schinken-Kuchen warm servieren. Er kann dazu auch in der Form bleiben.

Nährwerte pro Portion
Kilokalorien 570, Kilojoule 2390, Eiweiß/g 21, Kohlenhydrate/g 23, Fett/g 41, Ballaststoffe/g 2,5

Badischer Zwiebelkuchen

einfach, braucht Zeit,
zum Einfrieren
8 Portionen

Teig
- 250 g Mehl und Mehl für die Arbeitsfläche
- 125 g Butter
- 1 Ei
- Salz

Belag
- 500 g Zwiebeln
- 200 g Frühstücksspeck in Scheiben
- 1 EL Schmalz
- 3 Eier
- 150 g Schlagsahne
- frisch gemahlener Pfeffer
- 2 TL Kümmel
- Butter für die Form

- 1 Springform mit 26 cm Ø

Das Mehl auf die Arbeitsfläche sieben und in die Mitte eine Mulde drücken. Die Butter in Flöckchen auf den Rand setzen. 1 Ei und 1 Prise Salz in die Mulde geben. Alles schnell zu einem glatten Teig verkneten. Zu einer Kugel formen, in Frischhaltefolie oder in ein feuchtes Tuch wickeln und 30 Minuten im Kühlschrank ruhen lassen.

Die Zwiebeln abziehen und grob hacken. Den Frühstücksspeck in schmale Streifen schneiden.

Das Schmalz in einer tiefen Pfanne erhitzen. Den Speck auslassen. Die Zwiebeln untermischen und glasig dünsten. Vom Herd nehmen und etwas abkühlen lassen.

Die Springform mit Butter ausfetten. Den Teig auf der mit Mehl bestäubten Arbeitsfläche ausrollen, in die Springform legen und am Rand hochziehen. Die Zwiebelmischung darauf verteilen.

Die Eier mit der Schlagsahne, Salz und Pfeffer verquirlen, über den Zwiebelkuchen gießen und mit dem Kümmel bestreuen.

Im vorgeheizten Backofen bei 220 °C auf der mittleren Schiene etwa 40 Minuten backen.

Nährwerte pro Portion
Kilokalorien 540, Kilojoule 270, Eiweiß/g 10, Kohlenhydrate/g 28, Fett/g 41, Ballaststoffe/g 2,4

„Tarte" ist die französische Bezeichnung für einen meist runden, flachen Teigboden, der vor oder nach dem Backen süß oder pikant gefüllt wird. Die pikante salzige Tarte serviert man warm als Vorspeise, Zwischengericht oder mit Salat als kleine Mahlzeit. Zu ihrer nächsten Verwandtschaft gehören Quiche und Flan, Pie, Zwiebelkuchen und jede Pizza.

Einen Tarteboden blind backen

Den Teig nach dem Ruhen auf der bemehlten Arbeitsfläche 3 bis 4 mm dick ausrollen. Die Teigplatte soll etwas größer als die Tarteform sein. Den Teig über die Rolle legen und über der ungefetteten, trockenen Form wieder abrollen.

Aus einem Teigrest eine kleine Quaste formen, in Mehl tauchen und damit den Teig innen am Rand entlang andrücken. So vermeiden Sie, den Teig mit den Fingern einzureißen.

Dann mit der Rolle einmal kräftig über die Form fahren, um den überstehenden Teigrand gleichmäßig abzudrücken.

Den Boden mehrmals mit einer Gabel einstechen und mit passendem Backtrennpapier oder mit Alufolie auslegen. Linsen oder Erbsen (mindestens 500 g) einfüllen, damit sich der Boden beim Backen nicht hebt. Den Gitterrost auf den Boden des vorgeheizten Backofens legen, die Form darauf stellen und den Mürbteig bei 200 °C backen.

Nach 15 Minuten Blindbacken das Papier mit den Linsen abnehmen und den Boden weitere 5 Minuten durchbacken.

Nun kann der Boden belegt und mit Eicreme aufgefüllt werden. Ein blind gebackener Boden hat den Vorteil, dass er nicht durchweicht, selbst wenn die Füllung so flüssig ist wie zum Beispiel bei der Quiche Lorraine (Seite 105).

Gemüsetarte

braucht Zeit
6 Portionen

Mürbteig
- 100 g Weizenmehl, Type 405
- 50 g Weizenvollkornmehl
- 100 g kalte Butter
- Salz
- 1 Prise Zucker
- 1 kleines Eigelb
- Mehl für die Arbeitsfläche
- 1 kg getrocknete Hülsenfrüchte und Backtrennpapier zum Blindbacken

Belag
- 600 g gemischtes Gemüse (z. B. Löwenzahn, Mangold, Lauch)
- 2 Zwiebeln
- 1 Knoblauchzehe
- 75 g Frühstücksspeck in dünnen Scheiben
- 2 EL Öl
- frisch gemahlener schwarzer Pfeffer
- frisch geriebene Muskatnuss
- 20 halbe Walnusskerne
- 4 Eier
- 300 g Crème fraîche

- 1 Tarteform mit 22 cm Ø

Für den Teigboden aus den Zutaten einen Mürbteig herstellen, die Tarteform damit auslegen und blind backen (siehe Seite 102).

Inzwischen das Gemüse waschen, putzen und klein schneiden. Zwiebeln und Knoblauch abziehen und klein würfeln.

Den Speck in einer Pfanne ausbraten und auf Küchenpapier abtropfen lassen. Das Öl in die Pfanne geben, die Zwiebeln und den Knoblauch darin glasig dünsten, das Gemüse einrühren und bei schwacher Hitze bissfest garen. Mit Salz, Pfeffer und Muskatnuss nach Geschmack würzen.

Den Speck auf den vorgebackenen Boden legen, das Gemüse abtropfen lassen und darauf verteilen. Mit den Nüssen belegen.

Eier, Crème fraîche, Salz, Pfeffer und Muskatnuss verquirlen und darüber verteilen. Im vorgeheizten Backofen bei 200 °C auf der untersten Schiene ca. 30 Minuten goldbraun backen.

Nährwerte pro Portion
Kilokalorien 570, Kilojoule 2400, Eiweiß/g 13, Kohlenhydrate/g 51, Fett/g 18, Ballaststoffe/g 3

Tarte Bordelaise

einfach, braucht Zeit
6 Portionen

Mürbteig

- 150 g Mehl
- 100 g kalte Butter
- 1 Prise Salz
- 1 Prise Zucker
- 1 kleines Eigelb
- Mehl für die Arbeitsfläche
- 1 kg getrocknete Hülsenfrüchte und Backtrennpapier zum Blindbacken

Füllung

- 2–3 Markknochen
- 2 Schalotten
- $^1/_8$ l Rotwein
- $^1/_2$ TL Thymian
- frisch gemahlener Pfeffer
- 1 Päckchen Bratensauce (Fertigprodukt)
- 300 g gekochter Schinken
- Salz
- 300 g Steinpilze
- 75 g Butter
- 3 EL Semmelbrösel
- 1 Bund glatte Petersilie

- 1 Tarteform mit 26 cm Ø

Für den Teigboden aus den Zutaten einen Mürbteig herstellen, die Tarteform damit auslegen und blind backen (siehe Seite 102).

Die Markknochen etwa 2 Minuten in den heißen Backofen stellen, bis das Mark an den Rändern zu schmelzen beginnt. Das Mark mit dem Daumen herausdrücken und in kleine Würfel schneiden.

Die Schalotten abziehen und fein hacken. In einer kleinen Kasserolle den Rotwein mit den Schalotten, Thymian und Pfeffer etwa 10 Minuten kochen, bis nur noch ein Drittel der Flüssigkeit übrig ist.

$^1/_4$ l Bratensauce nach Packungsanleitung zubereiten und zur Rotweinsauce geben. Die Sauce noch 5 Minuten kochen lassen.

Den Schinken fein würfeln, mit den Markwürfeln in die Sauce geben, mit Salz und Pfeffer abschmecken und vom Herd nehmen.

Die Steinpilze putzen und in dünne Scheiben schneiden. Kurz in 1 Esslöffel Butter dünsten.

Zuerst die Schinkenmischung auf den Tarteboden füllen, darauf die gedünsteten Steinpilze legen und mit den Semmelbröseln bestreuen. Die restliche Butter in Flöckchen darauf setzen. Im vorgeheizten Backofen bei 200 °C auf der 2. Schiene von unten etwa 30 Minuten backen.

Die Petersilie waschen, trockenschütteln und hacken. Die fertige Tarte mit Petersilie bestreuen und sehr heiß in der Form servieren.

Nährwerte pro Portion
Kilokalorien 510, Kilojoule 2150, Eiweiß/g 17, Kohlenhydrate/g 27, Fett/g 35, Ballaststoffe/g 2,2

Quiche Lorraine

einfach, braucht Zeit
6 Portionen

Mürbteig
- 150 g Mehl
- 100 g kalte Butter
- 1 Prise Salz
- 1 Prise Zucker
- 1 kleines Eigelb
- Mehl für die Arbeitsfläche
- 1 kg getrocknete Hülsenfrüchte und Backtrennpapier zum Blindbacken

Füllung
- 250 g Frühstücksspeck in dünnen Scheiben
- 10 g Butter
- 4 Eier
- 300 g Crème fraîche
- Salz
- frisch gemahlener Pfeffer
- geriebene Muskatnuss

- 1 Tarteform mit 22 cm Ø

Für den Teigboden aus den Zutaten einen Mürbteig herstellen, die Tarteform damit auslegen und blind backen (siehe Seite 102).

Für die Füllung den Frühstücksspeck 4 Minuten in kochendem Wasser blanchieren, mit Küchenpapier trockentupfen und in der Butter bei kleiner Hitze 2 bis 3 Minuten braten. Den Teigboden damit auslegen.

Die Eier mit der Crème fraîche verquirlen und kräftig mit Salz, Pfeffer und Muskatnuss abschmecken. Die Mischung bis fast zum Teigrand einfüllen.

Im vorgeheizten Backofen bei 200 °C auf der 2. Schiene von unten etwa 30 Minuten backen.

Die Quiche sofort in der Form servieren.

Nährwerte pro Portion
Kilokalorien 720, Kilojoule 3030, Eiweiß/g 13, Kohlenhydrate/g 20, Fett/g 63, Ballaststoffe/g 0,6

Die Brokkolitorte lauwarm als Vorspeise servieren.

Brokkolitorte

einfach, braucht Zeit
4 Portionen

Mürbteig
- 250 g Mehl
- 1 Prise Salz
- 125 g Butter
- 2 Eigelb
- Mehl für die Arbeitsfläche
- 500 g getrocknete Hülsenfrüchte und Backtrennpapier zum Blindbacken

Füllung
- 400 g Brokkoli
- Salz
- 100 g Frühstücksspeck am Stück
- 4 Eier
- 250 g Schlagsahne
- Salz
- frisch geriebene Muskatnuss
- 50 g geriebener Emmentaler

- 1 Tarteform mit 26 cm Ø

Für den Teigboden aus den Zutaten einen Mürbteig herstellen, die Tarteform damit auslegen und blind backen (siehe Seite 102).

Den Brokkoli waschen, putzen und die Stiele und die Röschen in gleichmäßige Stücke teilen. In kochendem Salzwasser erst die Stiele 2 Minuten blanchieren, dann die Röschen zugeben und alles weitere 3 Minuten blanchieren. Herausheben und gut abtropfen lassen.

Den Frühstücksspeck fein würfeln und in einer trockenen, heißen Pfanne rundherum anbraten.

Die Eier in einer Schüssel mit der Sahne verrühren und mit Salz, Pfeffer und Muskatnuss würzen.

Den abgetropften Brokkoli auf dem vorgebackenen Mürbteigboden gleichmäßig verteilen und mit der Eiersahne übergießen. Die Speckwürfel und den Käse darüber streuen und die Brokkolitorte im vorgeheizten Backofen bei 200 °C auf der mittleren Schiene gut 20 Minuten backen.

Nährwerte pro Portion:
Kilokalorien 1020, Kilojoule 4280, Eiweiß/g 25, Kohlenhydrate/g 50, Fett/g 75, Ballaststoffe/g 3,5

Wirsingquiche

einfach, braucht Zeit, zum Einfrieren
6 Portionen

Teig
- 200 g Mehl
- 2 Eier
- Salz
- 125 g Butter

Das Mehl auf die Arbeitsfläche sieben, in die Mitte eine Mulde drücken. Die Eier und 1 Prise Salz in die Mulde geben. Die Butter in Flöckchen auf den Rand setzen. Alles schnell zu einem glatten Teig verarbeiten, zu einer Kugel formen und zugedeckt 1 Stunde im Kühlschrank ruhen lassen.

In der Zwischenzeit den Wirsing putzen, halbieren und den Strunk herausschneiden. Den Wirsing in dünne Streifen schneiden und waschen.

Salzwasser zum Kochen bringen und den Wirsing blanchieren. Abgießen, mit kaltem Wasser abschrecken und abtropfen lassen.

Das Kasseler in kleine Würfel schneiden. In einer beschichteten Pfanne das Öl erhitzen und das Kasseler kurz anbraten. Vom Herd nehmen und abkühlen lassen.

Die Sahne mit den Eiern, der Hälfte des Emmentalers, Salz, geriebener Muskatnuss und Pfeffer verrühren.

Die Quicheform mit Butter ausfetten.

Den Teig auf der bemehlten Arbeitsfläche dünn ausrollen, die Form damit auslegen und den Teig am Rand hochziehen. Den Teigboden mit der Gabel mehrmals einstechen.

Wirsing und Kasseler auf den Teig geben, die Sahne-Käse-Masse darüber verteilen und mit dem restlichen Käse bestreuen.

Im vorgeheizten Backofen bei 180 °C auf der 2. Schiene von unten etwa 45 Minuten backen.

Die Wirsingquiche heiß in der Form servieren.

Nährwerte pro Portion:
Kilokalorien 600, Kilojoule 2880, Eiweiß/g 25, Kohlenhydrate/g 30, Fett/g 48, Ballaststoffe/g 2,6

Belag
- 1 kleiner Kopf Wirsing, ca. 500 g
- Salz
- 200 g rohes Kasseler
- 1 EL Öl
- 200 g Schlagsahne
- 4 Eier
- 100 g geriebener Emmentaler
- frisch geriebene Muskatnuss
- frisch gemahlener Pfeffer
- Butter für die Form
- Mehl für die Arbeitsfläche

- 1 Tarteform mit 26 cm Ø

Tomaten-Hackfleisch-Torte

einfach, braucht Zeit
6 Portionen

Teig
- 200 g Mehl und Mehl für die Arbeitsfläche
- 1 Eigelb
- Salz
- 150 g Butter

Füllung
- 1 große Zwiebel
- 200 g Rinderhackfleisch
- 3 Eier
- 2 EL Semmelbrösel
- Salz
- frisch gemahlener Pfeffer
- 1 TL Thymian
- 1 TL Estragon
- 8 kleine Tomaten
- 100 g Schafskäse
- 8 schwarze Oliven
- 2 Bund Schnittlauch
- 1 großes Bund Basilikum
- 150 g Schlagsahne

- 1 Tarteform mit 28 cm Ø

Das Mehl auf die Arbeitsfläche sieben und in die Mitte eine Mulde drücken.

Das Eigelb, Salz und 2 Esslöffel kaltes Wasser hineingeben. Die Butter in Flöckchen darauf setzen. Von außen nach innen schnell zu einem Teig verkneten und in einem feuchten Tuch ca. 30 Minuten im Kühlschrank ruhen lassen.

Den Teig auf einer bemehlten Arbeitsfläche ausrollen. In die Tarteform legen und an den Rändern hochziehen. Boden mit einer Gabel mehrmals einstechen.

Im vorgeheizten Backofen bei 200 °C auf der mittleren Schiene ca. 10 Minuten vorbacken. Aus dem Ofen nehmen und abkühlen lassen.

Die Zwiebel abziehen und fein hacken.

In einer Schüssel das Rinderhack mit 1 Ei, den Semmelbröseln und der Zwiebel verkneten. Mit Salz, Pfeffer, Thymian und Estragon kräftig würzen.

Die Tomaten brühen, häuten, halbieren und entkernen. Den Schafskäse in Würfel schneiden.

Aus der Hackfleischmasse 8 kleine Kugeln formen, den Rest auf den Teigboden verteilen. Tomaten mit der Schnittfläche nach unten am Rand entlang legen. Zwischen je 2 Tomaten 1 Hackfleischbällchen setzen und die Käsewürfel in den freigebliebenen Raum

in der Mitte streuen. Die Torte mit Oliven garnieren.

Schnittlauch und Basilikum waschen, trockenschütteln und fein schneiden.

Die Schlagsahne mit den restlichen Eiern, Salz und Pfeffer verquirlen. Die Kräuter unterrühren und die Sauce auf den Kuchen gießen.

Im vorgeheizten Backofen bei 200 °C auf der 2. Schiene von unten ca. 50 Minuten backen.

Vor dem Anschneiden etwas abkühlen lassen.

Nährwerte pro Portion
Kilokalorien 750, Kilojoule 3150, Eiweiß/g 27, Kohlenhydrate/g 34, Fett/g 52, Ballaststoffe/g 3,2

Die Zwiebeltorte lauwarm mit gemischtem Salat servieren.

Zwiebeltorte

einfach, braucht Zeit, zum Einfrieren
4 Portionen

Teig
- 150 g Mehl und
  Mehl für die Arbeitsfläche
- 75 g Butter
- 1 Ei
- Salz

Belag
- 500 g Gemüsezwiebeln
- 2 EL Olivenöl
- 12 Sardellenfilets
- 1–2 Knoblauchzehen
- Salz
- frisch gemahlener Pfeffer
- 1 TL gerebelter Majoran
- Butter für die Form
- 150 g schwarze Oliven ohne Stein
- Olivenöl zum Beträufeln

- 1 Springform mit 22 cm Ø

Mehl, Butter, Ei und 1 Prise Salz verkneten und den Teig anschließend für etwa 2 Stunden in den Kühlschrank stellen.

Für den Kuchenbelag die Zwiebeln abziehen, halbieren und in feine Streifen schneiden. In Olivenöl hellgelb andünsten, vom Herd nehmen und abkühlen lassen.

Die Sardellenfilets 20 Minuten wässern.

Die Knoblauchzehen abziehen, zu den Zwiebeln pressen, Salz, Pfeffer und Majoran darunter mischen.

Die Springform ausbuttern. Den Teig 1/2 cm dick ausrollen, die Kuchenform damit auslegen und am Rand hochziehen. Mit den Zwiebeln belegen.

Die Oliven halbieren. Den Kuchen mit den abgetropften Sardellenfilets und den Oliven garnieren und etwas Olivenöl darüber träufeln.

Im vorgeheizten Backofen bei 200 °C auf der mittleren Schiene ca. 30 Minuten backen.

Nährwerte pro Portion:
Kilokalorien 330, Kilojoule 1370, Eiweiß/g 8, Kohlenhydrate/g 23, Fett/g 21, Ballaststoffe/g 3,2

Pilzkuchen

einfach, braucht Zeit, zum Einfrieren

Teig
- 125 g Mehl
- Salz
- 10 g Hefe
- 20 g Butter
- 1 Ei

Pilzfüllung
- 600 g gemischte Pilze, z. B.
  300 g braune Egerlinge, 200 g Pfifferlinge,
  100 g frische Shiitake
- 1 große Zwiebel
- 1–2 Knoblauchzehen

bestäuben und diesen Vorteig zugedeckt bei guter Raumtemperatur 15 bis 20 Minuten gehen lassen. Die geschmolzene, abgekühlte Butter mit dem Ei verrühren und zugießen. Mit dem Handrührgerät den Teig kräftig schlagen, bis er sich vom Schüsselrand löst. Den Teig zu einer Kugel formen, in eine vorgewärmte Schüssel legen und 1 Stunde gehen lassen. Dabei soll sich sein Volumen verdoppeln.

Inzwischen das Pilzgemüse zubereiten: Die Pilze kurz abbrausen, auf Küchenpapier trocknen, putzen und in Scheiben schneiden.

Die Zwiebel und den Knoblauch abziehen und fein hacken. Den Schweinebauch fein würfeln und den Speck in einer Pfanne bei mittlerer Hitze ausbraten. Die Zwiebeln im Speckfett andünsten und die Pilze zugeben. Mit Salz, Pfeffer und Kümmel abschmecken und das Gemüse wenden, bis der Saft eingeschmort ist, dann auskühlen lassen.

Die Petersilie waschen, trockenschütteln und fein hacken. Die Eier mit dem Schmand verrühren, leicht salzen und pfeffern und mit der Petersilie unter die Pilzmasse heben.

Den Hefeteig zu einer runden Platte von etwa 28 cm Durchmesser ausrollen und in die Springform legen. Den Rand rundherum leicht andrücken. Die Pilzmasse in den Teigboden füllen und die Form in den vorgeheizten Backofen auf die mittlere Schiene stellen. Bei 175 °C in etwa 45 Minuten goldbraun backen.

Nährwerte insgesamt:
Kilokalorien 1600, Kilojoule 6680, Eiweiß/g 72, Kohlenhydrate/g 103, Fett/g 100, Ballaststoffe/g 23,5

Den Pilzkuchen lauwarm servieren. Reste kann man im Backofen wieder aufwärmen. Dazu schmeckt junger Wein.

- 100 g geräucherter Schweinebauch am Stück
- frisch gemahlener schwarzer Pfeffer
- 1 Messerspitze gemahlener Kümmel
- 1 Bund glatte Petersilie
- 2 Eier
- 200 g Schmand

- 1 Springform mit 24 cm Ø

Für den Hefeteig das Mehl und 1 gestrichenen Teelöffel Salz in eine große Schüssel sieben und eine Mulde hineindrücken. Die zerbröckelte Hefe in etwas lauwarmem Wasser auflösen und in die Mulde gießen. Mit Mehl

Tartelettes mit Bries und Pfifferlingen

einfach, braucht Zeit
4 Portionen

Hefeteig
- 250 g Weizenmehl
- 1 TL Salz
- 20 g Hefe
- Mehl für die Arbeitsfläche
- Fett für die Formen

Füllung
- 400 g Kalbsbries
- 250 g frische Pfifferlinge
- 150 g Frühstücksspeck
- 2 Schalotten
- 50 ml Weißwein
- 250 g Crème double
- 3 Eier
- 1 EL gehackte gemischte Kräuter
- Salz
- frisch gemahlener Pfeffer

Das Mehl mit dem Salz in eine Schüssel sieben, in die Mitte eine Mulde drücken und die Hefe hineinbröckeln. Mit 2 Esslöffel lauwarmem Wasser zu einem Vorteig verrühren und zugedeckt an einem warmen Ort etwa 15 Minuten gehen lassen.

200 ml lauwarmes Wasser zum Hefeteig geben und alles zu einem glatten Teig verkneten. Zugedeckt an einem warmen Ort etwa 30 Minuten gehen lassen, dann auf der bemehlten Arbeitsfläche ausrollen.

4 kleine Tartaletteformen fetten und mit dem Hefeteig auslegen. Noch einmal kurz gehen lassen.

Inzwischen das Kalbsbries waschen, trockentupfen und die innere Röhre entfernen. Die groben Häute abziehen und das Bries in kleine Würfel schneiden.

Die Pfifferlinge putzen, größere Pilze halbieren oder vierteln. Den Frühstücksspeck in schmale Streifen schneiden. Die Schalotten abziehen und fein hacken.

Den Speck in einer trockenen Pfanne auslassen und die Schalotten darin glasig dünsten. Das Kalbsbries und die Pfifferlinge zufügen und kurz anrösten. Mit dem Weißwein ablöschen und vom Herd nehmen. Die Mischung auf den Teigböden verteilen.

Die Crème double mit den Eiern verquirlen, die Kräuter untermischen und mit Salz und Pfeffer würzen.

Die Creme in die Tarteletteformen füllen und im vorgeheizten Backofen bei 220 °C auf der mittleren Schiene 15 bis 20 Minuten backen.

Nährwerte pro Portion
Kilokalorien 910, Kilojoule 3800, Eiweiß/g 36, Kohlenhydrate/g 49, Fett/g 58, Ballaststoffe/g 2,8

Die Torte frisch aus dem Ofen mit Tomatensalat servieren.

Venezolanische Kartoffeltorte

einfach, braucht Zeit
6 Portionen

- 500 g mehlige Kartoffeln
- Salz
- 6 Eier
- 500 g mageres Rindfleisch
- 1 große Zwiebel
- 3 EL Olivenöl
- 3 Knoblauchzehen
- 12 kleine getrocknete Chilischoten
- 150 g gefüllte grüne Oliven
- 100 g Kapern
- 100 g Sultaninen
- 2 EL Milch
- 1 TL Backpulver
- 2 EL Mehl
- 1 EL Zucker
- 4 EL Butter

- 1 Springform mit 22 cm Ø

Am Vortag Kartoffeln schälen, waschen, in Stücke schneiden und in Salzwasser kochen. Abgießen, ausdampfen lassen und noch warm durch eine Kartoffelpresse drücken. Zugedeckt im Kühlschrank bis zum nächsten Tag aufbewahren.

Ebenfalls am Vortag 3 Eier hart kochen.

Das Fleisch sehr klein schneiden. Die Zwiebel abziehen und fein würfeln.

In einer Pfanne das Olivenöl erhitzen, das Fleisch und die Zwiebel darin scharf anbraten. Den Knoblauch abziehen und pressen, die Chilischoten im Mörser fein zerstampfen und beides in das Fleisch rühren. Mit wenig Salz würzen.

Oliven, Kapern und die 3 harten Eier fein hacken und mit den Sultaninen unter das Fleisch mischen.

In einer Schüssel die am Vortag durchgepressten Kartoffeln mit 3 Eigelb, Milch, Backpulver, Mehl, Zucker und 3 Esslöffel weicher Butter verrühren.

3 Eiweiß sehr steif schlagen und unter den Kartoffelteig heben.

Die Springform ausbuttern. Die Hälfte des Kartoffelteigs hineingeben, die Fleischmasse darauf verteilen. Mit dem restlichen Kartoffelteig bestreichen.

Im vorgeheizten Backofen bei 200 °C auf der mittleren Schiene 35 bis 40 Minuten backen, bis die Kartoffeltorte braun ist.

Nährwerte pro Portion
Kilokalorien 630, Kilojoule 2630, Eiweiß/g 30, Kohlenhydrate/g 51, Fett/g 309, Ballaststoffe/g 7,3

Käsewähe

einfach, braucht Zeit, zum Einfrieren
6 Portionen

Teig
- 150 g Magerquark
- 150 g Mehl
- Salz
- 150 g Butter
- Mehl für die Arbeitsfläche
- Fett für die Form

Belag
- 250 g Zwiebeln
- 250 g Frühstücksspeck am Stück
- 1 Bund glatte Petersilie
- 250 g geriebener Emmentaler
- 200 g saure Sahne
- 5 Eier
- Salz
- frisch gemahlener Pfeffer
- 1/2 TL Paprikapulver edelsüß

- 1 Tarteform mit 22 cm Ø

Den Quark in einem Sieb gut abtropfen lassen. Das Mehl auf die Arbeitsfläche sieben und in die Mitte eine Mulde drücken. Den Quark und 1 Teelöffel Salz hineingeben und die Butter in Stückchen um den Rand legen. Kurz mit den Händen von außen nach innen verkneten. Den Teig 10 Minuten in das Gefrierfach oder 30 Minuten in den Kühlschrank stellen.

Für den Belag die Zwiebeln abziehen und grob hacken. Den Frühstücksspeck in kleine Würfel schneiden. Die Petersilie waschen, trockenschütteln und hacken.

In einer trockenen Pfanne den Speck auslassen. Zwiebeln und Petersilie untermischen und kurz andünsten. Vom Herd nehmen und etwas abkühlen lassen.

Den Quarkteig auf der bemehlten Arbeitsfläche zu einer runden Scheibe ausrollen. Mit einem Tortenblech in die gefettete oder beschichtete Tarteform heben. Den Teig am Rand hochziehen und andrücken.

Den Teigboden mehrmals mit der Gabel einstechen. Die Speck-Zwiebel-Masse gleichmäßig darauf verteilen und den Emmentaler darüber streuen.

Die saure Sahne mit den Eiern verquirlen, mit Salz, Pfeffer und Paprikapulver würzen und über die Käsewähe gießen. Im vorgeheizten Backofen bei 200 °C auf der mittleren Schiene etwa 30 Minuten backen.

Nährwerte pro Portion
Kilokalorien 890, Kilojoule 3715, Eiweiß/g 30, Kohlenhydrate/g 26, Fett/g 70, Ballaststoffe/g 2

Spinatkuchen

einfach, braucht Zeit
4 Portionen

Teig
- 150 g Mehl
- 100 g kalte Butter
- je 1 Prise Salz und Zucker
- 1 kleines Eigelb
- Mehl zum Ausrollen

Füllung
- 500 g Blattspinat
- 1 Prise Salz
- 1 mittelgroße Zwiebel
- 40 g Butter
- frisch gemahlener schwarzer Pfeffer
- 1 Messerspitze geriebene Muskatnuss
- 1 Knoblauchzehe
- 250 g Quark, 40 % F. i. Tr.
- 100 g Schafskäse
- 3 Eier
- 30 g Grünkernschrot
- 50 g Sonnenblumenkerne

- 1 Tarteform mit 22 cm Ø

Aus allen Teigzutaten einen Mürbteig kneten und eventuell 2 Esslöffel kaltes Wasser zugeben, falls er nicht geschmeidig genug ist. Den Teig zur Kugel formen, in Folie schlagen und 30 Minuten im Kühlschrank ruhen lassen. Danach 3 bis 4 mm dick ausrollen und in die Tarteform legen.

Den Spinat verlesen, grobe Stiele entfernen, Spinatblätter mehrmals gründlich waschen und tropfnass in den heißen Topf geben. Zugedeckt bei schwacher Hitze 2 bis 3 Minuten zusammenfallen lassen, einmal wenden und eine 1 Prise Salz hinzufügen.

Die Zwiebel abziehen und klein würfeln.

In einer Pfanne 10 g Butter zerlassen und die Zwiebelwürfel darin hellgelb dünsten. Den Spinat tropfnass in die Pfanne geben, mit Salz, Pfeffer und Muskatnuss würzen und gar dünsten.

Die Knoblauchzehe abziehen, fein hacken und in eine Schüssel geben. Darin die restliche weiche Butter schaumig rühren, Quark und Schafskäse darunter mischen. Die Eier trennen, das Eigelb unter die Käsemasse rühren und das Grünkernschrot untermischen.

Zuletzt das Eiweiß steif schlagen und unterheben. Die Füllung auf dem Teigboden verteilen. Die Sonnenblumenkerne gleichmäßig darüber streuen.
Den Spinatkuchen im vorgeheizten Backofen bei 200 °C auf der 2. Schiene von unten ca. 50 Minuten backen.

Nährwerte pro Portion:
Kilokalorien 810, Kilojoule 3390, Eiweiß/g 29, Kohlenhydrate/g 40, Fett/g 55, Ballaststoffe/g 4,7

Arabischer Gemüsekuchen mit Huhn

Am Vortag beginnen

einfach, braucht Zeit, zum Einfrieren
6 Portionen

- 1 gegrilltes Huhn, ca. 1 kg
- 200 ml Kokosnusscreme (Konserve)
- 1 Zwiebel
- 2 Knoblauchzehen
- 1 gelbe Paprikaschote
- 1 grüne Paprikaschote
- 2 frische rote Chilischoten
- 2 Kolben Chicorée
- 7 EL Olivenöl
- Saft von 1 Zitrone
- Salz
- frisch gemahlener Pfeffer
- 100 g Magerquark
- 50 ml Milch
- 200 g Mehl
- 1 TL Backpulver
- Fett für die Form
- 200 g Schlagsahne
- 2 Eier
- 100 g geriebener Käse

- 1 Springform mit 26 cm Ø

Das gegrilltes Huhn von den Knochen lösen und das Fleisch in eine Glas- oder Porzellanschüssel legen.

Die Kokosnusscreme im Wasserbad schmelzen und über das Hühnerfleisch verteilen. Zugedeckt über Nacht im Kühlschrank marinieren.

Am nächsten Tag die marinierten Fleischstücke samt der anhaftenden Kokosnusscreme fein hacken.

Die Zwiebel und die Knoblauchzehen abziehen und hacken.

Die Paprikaschoten und die Chilischoten waschen, halbieren und entkernen. Paprikaschoten grob, Chilischoten fein würfeln.

Den bitteren Strunk aus den Chicoréekolben keilförmig ausschneiden. Chicorée in schmale Streifen schneiden.

Das Olivenöl in einer tiefen Pfanne erhitzen. Hühnerfleisch, Zwiebel, Knoblauch, Paprika- und Chilischoten und den Chicorée unter Rühren 10 Minuten in 2 Esslöffel Öl andünsten. Mit dem Zitronensaft, Salz und Pfeffer würzen. Die Pfanne vom Herd nehmen und alles 10 Minuten durchziehen lassen. Die Gemüse-Huhn-Mischung in ein Sieb umfüllen und abtropfen lassen.

Den Magerquark mit 4 Esslöffel Öl, Salz, Pfeffer und der Milch verrühren.

Das Mehl mit dem Backpulver auf ein Backbrett sieben. Mit der Quarkmasse zu

einem glatten Teig verkneten und den Teig ausrollen.

Die Springform ausfetten. Den Teig in die Springform legen, dabei auch den Rand auskleiden. Den Teig mehrfach einstechen und mit dem restlichen Öl bestreichen.

Die Gemüse-Huhn-Mischung auf dem Teigboden verteilen. Die Sahne mit den Eiern und dem Käse verrühren und über das Gemüse gießen.

Den Kuchen im vorgeheizten Backofen bei 200 °C auf der mittleren Schiene 40 Minuten backen. Falls die Käsekruste zu braun wird, den Kuchen mit Alufolie abdecken.

Den fertigen Gemüsekuchen aus dem Ofen nehmen und warm servieren.

Nährwerte pro Portion
Kilokalorien 740, Kilojoule 3110, Eiweiß/g 32, Kohlenhydrate/g 41, Fett/g 46, Ballaststoffe/g 3,6

Birnentarte

einfach
4 Portionen

- 125 g Mehl
- 60 g Zucker
- 1 Päckchen Vanillinzucker
- 250 g Schlagsahne

Füllung
- 4 große Birnen
- 60 g Butter
- 40 g Zucker
- 1 Zitrone

- Butter für die Förmchen

- 150 g Crème fraîche

- 4 kleine Gratinformen

Das Mehl in eine Rührschüssel sieben. Mit Zucker, Vanillinzucker und der Sahne wie einen Eierkuchenteig anrühren und 30 Minuten quellen lassen.

In der Zwischenzeit die Birnen schälen und der Länge nach in Sechstel teilen, das Kernhaus entfernen.

Die Butter in einer Kasserolle zerlassen. Den Zucker und den Saft von 1 Zitrone dazugeben und gut verrühren. Die Birnenspalten darin ca. 5 Minuten halb gar dünsten.

Die Förmchen mit etwas Butter ausstreichen. Die Birnenspalten abtropfen lassen und in die Förmchen legen. Den Teig noch einmal durchschlagen und über die Birnen verteilen.

Im vorgeheizten Backofen bei 220 °C auf der mittleren Schiene ca. 25 Minuten backen.

Herausnehmen, etwas abkühlen lassen und auf Teller stürzen. Noch lauwarm mit Crème fraîche servieren.

Nährwerte pro Portion
Kilokalorien 790, Kilojoule 3320, Eiweiß/g 7, Kohlenhydrate/g 75, Fett/g 49, Ballaststoffe/g 5,4

Clafoutis mit Süßkirschen

einfach, braucht Zeit
6 Portionen

- 1 kg Süßkirschen
- 5 cl Kirschwasser
- 3 EL Zucker
- 20 g weiche Butter

Creme
- 4 Eier
- 150 g Zucker
- 1 Vanilleschote
- 50 g Zwiebackbrösel
- 100 g Crème double

- Butter für die Form

- 1 große Tarteform oder andere flache feuerfeste Form

Die Kirschen entsteinen und in eine flache Salatschüssel legen. Mit dem Kirschwasser beträufeln, mit dem Zucker bestreuen und die weiche Butter in Flöckchen darüber verteilen. Die Kirschen 30 Minuten ziehen lassen, dabei mehrmals wenden.

Inzwischen die Eier mit dem Zucker in den Mixer geben und schlagen, bis eine dickliche weiße Creme entsteht bzw. bis sich der Zucker völlig gelöst hat.

Die Vanilleschote auskratzen und das Mark zugeben. Den Zwieback in Stücke brechen und mahlen oder in ein Küchentuch legen und zu Bröseln klopfen. Zwieback und Crème double zugeben und noch einmal kurz mischen.

Die Form mit Butter ausstreichen und die Hälfte der Creme einfüllen. Die Kirschen darauf verteilen und mit der restlichen Creme überziehen.

Die Form in den vorgeheizten Backofen bei 180 °C auf die 2. Schiene von unten stellen und den Clafoutis etwa 40 Minuten backen.

Nährwerte pro Portion
Kilokalorien 400, Kilojoule 1680, Eiweiß/g 7, Kohlenhydrate/g 59, Fett/g 15, Ballaststoffe/g 2,6

Den fertigen Clafoutis etwas abkühlen lassen und lauwarm servieren.

Soufflés und Co.

Tipp

Gemüsesoufflés und -parfaits sind eine elegante Beilage zu allen Fleisch- und Fischgerichten mit Sauce.
Das Brokkoli-Nuss-Soufflé kann auch als Vorspeise gereicht werden. Dann passt eine kleine Sauce dazu: Crème fraîche mit Salz, Zucker, Pfeffer und etwas Zitronensaft abschmecken. Gehackte frische Kräuter einrühren.

Für die Soufflés auf den Seiten 120/121 wurden Brokkoli- und Blumenkohlpüree hälftig gemischt.

Brokkoli-Nuss-Soufflé

einfach
4 Portionen

- 500 g geputzte Brokkoliröschen
- 1 kleine Zwiebel
- 1 Knoblauchzehe
- 2 EL Öl
- Salz
- frisch gemahlener Pfeffer
- 1 Prise gemahlene Muskatnuss
- 50 g Haselnusskerne, grob gehackt
- 2 EL Butter
- 2 EL Mehl
- $^1/_4$ l lauwarme Milch
- 50 g Schlagsahne
- 4 Eier, getrennt
- Butter für die Förmchen

- 4 Soufflléförmchen mit 8 cm Ø, 6 cm hoch

Etwa 100 g der kleinsten Brokkoliröschen abnehmen und zum Garnieren aufbewahren.

Die Zwiebel und den Knoblauch abziehen und fein hacken.

Das Öl erhitzen, Zwiebel und Knoblauch darin glasig dünsten. Den Brokkoli zufügen, $^1/_4$ l Wasser angießen und mit Salz, Pfeffer und Muskatnuss würzen. Bei mittlerer Hitze zugedeckt 10 Minuten dünsten. Vom Herd nehmen und Gemüse samt Sud mit dem Mixstab pürieren.

Die Haselnüsse in einer trockenen Pfanne goldbraun anrösten und unter das Brokkolipüree mischen.

Die Butter in einer Kasserolle zerlassen, das Mehl darin anschwitzen. Die Milch unter Rühren zugeben und die Sauce 10 Minuten köcheln lassen, dabei ständig umrühren. Dann das Brokkolipüree untermengen und die Kasserolle vom Herd nehmen. Die Masse etwas abkühlen lassen.

Die Schlagsahne mit dem Eigelb verquirlen, unter die Masse rühren und mit Salz, Pfeffer und Muskatnuss abschmecken. Die Mischung auf Raumtemperatur abkühlen lassen.

Das Eiweiß mit 1 Prise Salz sehr steif schlagen und vorsichtig unter die Brokkolimasse heben.

Die Soufflléförmchen bis knapp unter den Rand mit Butter ausstreichen und zu zwei Dritteln mit der Brokkolimasse füllen. Im vorgeheizten Backofen bei 220 °C auf der mittleren Schiene 25 bis 30 Minuten backen.

Die übrigen Brokkoliröschen in Salzwasser blanchieren.

Die fertigen Brokkolisoufflés auf vorgewärmte Teller stürzen und mit den Röschen garnieren.

Nährwerte pro Portion
Kilokalorien 400, Kilojoule 1680, Eiweiß/g 16, Kohlenhydrate/g 12, Fett/g 32, Ballaststoffe/g 5,1

Steinpilzsoufflé

einfach
4 Portionen

- 200 g Steinpilze
- 2 kleine Schalotten
- 4 EL Butter
- $^1/_2$ Bund glatte Petersilie
- $^1/_2$ TL getrockneter Thymian
- 2 EL Mehl
- $^1/_4$ l Milch
- 2 EL Crème fraîche
- Salz
- frisch gemahlener schwarzer Pfeffer
- 4 Eier, getrennt
- Butter für die Form

- 1 runde Auflaufform von 1,5 l Inhalt

Die Steinpilze mit einem feuchten Tuch abreiben, putzen und fein hacken. Die Schalotten abziehen und ebenfalls fein hacken.

Die Hälfte der Butter in einer Pfanne zerlassen und die Schalotten darin glasig dünsten. Die Steinpilze zugeben und unter ständigem Rühren so lange dünsten, bis die Garflüssigkeit verdampft ist. Vom Herd nehmen.

Die Petersilie waschen, trockenschütteln und fein hacken. Mit dem Thymian unter die Pilzmasse rühren.

Die restliche Butter in einem Topf zerlassen und das Mehl darin hellgelb anschwitzen. Die Milch angießen und unter Rühren 10 Minuten köcheln. Vom Herd nehmen und etwas abkühlen lassen.

Das Eigelb mit der Crème fraîche verquirlen und in die Sauce rühren. Die Pilzmasse untermengen und mit Salz und Pfeffer abschmecken.

Das Eiweiß mit 1 Prise Salz sehr steif schlagen und vorsichtig unter die Pilzmasse heben.

Die Form mit Butter ausstreichen und die Masse einfüllen. Im vorgeheizten Backofen bei 175 °C auf der mittleren Schiene ca. 20 Minuten backen. Dann die Temperatur auf 200 °C erhöhen und das Soufflé weitere 25 Minuten backen.

Sofort in der Form servieren.

Nährwerte pro Portion
Kilokalorien 290, Kilojoule 1230, Eiweiß/g 12, Kohlenhydrate/g 8, Fett/g 24, Ballaststoffe/g 3,8

Käsesoufflé

einfach
4 Portionen

- 2 EL Butter
- 2 EL Mehl
- $^1/_4$ l Milch
- Salz
- frisch gemahlener weißer Pfeffer
- frisch geriebene Muskatnuss
- 150 g Gruyère-Käse
- 4 Eier
- Butter für die Förmchen

- 4 feuerfeste Förmchen mit 8 cm Ø, 6 cm hoch

Die Butter in einem Topf zerlassen. Das Mehl einrühren und hellgelb anschwitzen. Die Milch angießen und unter Rühren 5 Minuten köcheln lassen. Mit Salz, Pfeffer und geriebener Muskatnuss abschmecken. Vom Herd nehmen und etwas abkühlen lassen.

Den Käse reiben.

Die Eier trennen, das Eigelb verquirlen. 1 Esslöffel Käse aufheben. Restlichen Käse und das Eigelb mit einem Holzlöffel unter die Sauce mischen.

Das Eiweiß mit 1 Prise Salz sehr steif schlagen und vorsichtig unter die Käsemasse heben.

Die Auflaufförmchen mit Butter bis knapp unter den Rand ausstreichen. Zu zwei Dritteln mit der Käsemasse füllen und mit dem restlichen Käse bestreuen. Im vorgeheizten Backofen bei 220 °C auf der mittleren Schiene 15 Minuten backen, bis das Soufflé gut aufgegangen und goldbraun ist.

Nährwerte pro Portion
Kilokalorien 380, Kilojoule 1600, Eiweiß/g 21, Kohlenhydrate/g 7, Fett/g 28, Ballaststoffe/g 0,1

Tipp

Wenn die Form zu klein ist, oder man dem Soufflé nach oben mehr Spielraum geben möchte, kann der Formrand durch eine Papiermanschette höher gemacht werden.

Die fertigen Käsesoufflés aus dem Backofen nehmen und sofort in den Förmchen servieren.

Spargelparfait

einfach, braucht Zeit
4 Portionen

- 600 g geputzter grüner Spargel
- 40 g Butter
- 400 ml Hühnerbrühe
- 1 Prise Salz
- 1 Prise Zucker
- frisch gemahlener weißer Pfeffer
- 30 g frische Weißbrotkrume
- 1 Bund glatte Petersilie
- 3 Eier
- 100 g Crème fraîche

- Butter für die Förmchen

- 8 kleine Souffléförmchen

Die Spargelstangen in Stücke schneiden und mit 30 g Butter, der Hühnerbrühe und den Gewürzen 7 bis 8 Minuten garen. Dann aus der Brühe heben und pürieren. Den Sud für eine Suppe verwenden.

Die Brotkrume in das Püree rühren. Die Petersilie waschen, trockenschütteln, sehr fein hacken und in der restlichen Butter kurz dünsten. Mit dem Püree vermischen.

Die Eier zugeben und die Masse gründlich verrühren, dann die Crème fraîche unterziehen und die Masse mit Salz und Pfeffer abschmecken.

Die Förmchen mit Butter ausstreichen und die Spargelmasse bis fingerbreit unter den Rand einfüllen.

Im vorgeheizten Backofen bei 200 °C ein heißes Wasserbad vorbereiten und die Förmchen hineinstellen. Das Spargelparfait 40 Minuten garen. Wenn die Oberfläche zu bräunen beginnt, 1 Blatt Alufolie über die Formen legen.

Die fertigen Parfaits aus dem Wasserbad nehmen und setzen lassen. Je 2 Parfaits auf einen vorgewärmten Teller stürzen.

Hinweis: Wenn das Spargelparfait als Beilage gereicht wird, genügt 1 Förmchen pro Portion.

Nährwerte pro Portion
Kilokalorien 400, Kilojoule 1680, Eiweiß/g 16, Kohlenhydrate/g 12, Fett/g 32, Ballaststoffe/g 5,1

Tipp

Das Spargelparfait mit gekochtem grünen Spargel und Kerbelblättchen garnieren. Dazu passen gekochte Garnelen- oder Krebsschwänze in einer Krebs- oder Hummersauce oder Sauce Choron (Sauce hollandaise mit Tomatenmark gefärbt).

Dazu schmecken am besten kleine Puffer aus rohen Kartoffeln.

Blutwurstparfait mit Apfelsauce

einfach, braucht Zeit
6 Portionen

Apfelsauce

- 750 g Äpfel, z. B. Cox Orange oder Boskop
- 1 TL Zitronensaft
- 3 EL Weißwein

Blutwurstparfait

- 300 g Blutwurst
- 2 Schalotten
- 1 Knoblauchzehe
- 1 EL Butter
- $^1/_8$ l Kalbsfond (Glas)
- 125 g Schlagsahne
- 4 Eier
- Salz
- frisch gemahlener schwarzer Pfeffer

- Butter für die Förmchen

- 6 feuerfeste Portionsförmchen

Die Äpfel waschen, schälen, vierteln und das Kernhaus ausschneiden. Je nach Größe die Viertel in kleinere Spalten teilen. Die Äpfel mit Zitronensaft, Wein und 3 Esslöffel Wasser im geschlossenen Topf bei mittlerer Hitze 10 Minuten garen. Dann das Kompott auskühlen lassen und so zerstampfen, dass noch Stückchen in der Apfelsauce bleiben.

Die Blutwurstmasse aus der Pelle lösen. Schalotten und Knoblauch abziehen und fein hacken. Die Butter in einem Topf aufschäumen lassen und Blutwurst, Schalotten und Knoblauch darin andünsten. Den Kalbsfond angießen und die Masse 10 Minuten garen.

Die Blutwurstmasse pürieren und mit Sahne und Eiern verrühren. Mit Salz und Pfeffer kräftig abschmecken.

Die Förmchen mit Butter ausstreichen und mit der Masse bis 1 cm unter den Formrand füllen.

Den Backofen auf 175 °C vorheizen und ein heißes Wasserbad für die Förmchen vorbereiten. Die Förmchen ins Wasserbad setzen und mit einem Blatt Alufolie abdecken. Das Blutwurstparfait 50 Minuten garen.

Zum Servieren die Förmchen aus dem Wasserbad nehmen und die Parfaits kurz setzen lassen. Dann auf Teller stürzen und mit der Apfelsauce anrichten.

Nährwerte pro Portion
Kilokalorien 370, Kilojoule 1560, Eiweiß/g 14, Kohlenhydrate/g 15, Fett/g 29, Ballaststoffe/g 2,6

Artischockenparfait

einfach, braucht Zeit
4 Portionen

- 300 g frische Artischockenböden
- 30 g Butter
- 1/4 l Hühnerbrühe
- Salz
- frisch gemahlener weißer Pfeffer
- 30 g frische Weißbrotkrume
- 1/2 Bund glatte Petersilie
- 3 Stängel Basilikum
- 1 Knoblauchzehe
- 2 Eier
- 1 Eigelb
- 50 g Crème fraîche

- Butter für die Form

- 1 Eisbombenform von 1 l Inhalt oder eine andere Schüssel mit rundem Boden, die man ins Wasserbad setzen kann

Die rohen Artischockenböden vierteln und mit 20 g Butter, der Hühnerbrühe, Salz und Pfeffer weich kochen. Dann aus der Brühe heben, pürieren und durch ein Sieb streichen. Die Brotkrume in das Püree rühren.

Die Kräuter waschen, trockenschütteln und die Blätter sehr fein hacken. Die Knoblauchzehe abziehen und fein hacken. Kräuter und Knoblauch in 10 g Butter kurz dünsten und mit dem Artischockenpüree mischen.

Eier und Eigelb zugeben und gründlich verrühren. Dann die Crème fraîche unterziehen und die Masse mit Salz und Pfeffer abschmecken.

Die Form mit Butter ausstreichen und die Artischockenmasse einfüllen.

Im vorgeheizten Backofen bei 200 °C ein tiefes, heißes Wasserbad vorbereiten und die Form hineinsetzen. Das Artischockenparfait 45 Minuten garen. Wenn die Oberfläche zu bräunen beginnt, ein Blatt Alufolie darauf legen.

Das fertige Artischockenparfait aus dem Wasserbad nehmen und ein paar Minuten setzen lassen. Dann auf eine vorgewärmte Platte stürzen.

Nährwerte pro Portion
Kilokalorien 370, Kilojoule 1560, Eiweiß/g 14, Kohlenhydrate/g 15, Fett/g 29, Ballaststoffe/g 2,6

Rohe Artischockenböden auslösen

Der Querschnitt zeigt, wie eine Artischocke aufgebaut ist. Unten sehen Sie den Stiel, der herausgebrochen wird, dann den essbaren Boden. Es folgen das Heu, die zarten violetten und dann die gröberen grünen Hüllblätter.

Am einfachsten ist es, die oberen zwei Drittel der Knospe bis zum fleischigen Teil der Blätter abzuschneiden. Die Blattreste abbrechen und den Rand des Bodens sauber schneiden. Mit einem Bällchenausstecher lässt sich das Heu leicht aus dem Boden schälen. Die Böden in Zitronensaft wenden, damit sie bis zur weiteren Verarbeitung nicht braun werden.

Eine ebenso hübsche wie wohlschmeckende Garnitur sind frische Artischockenherzen, in Butter gebraten.
Das Artischockenparfait ist eine edle Beilage zu allen Fleisch- und Geflügelgerichten mit Sauce.

Eine ebenso schmackhafte wie ausgefallene Beilage zu gebratenem Fleisch.

Rosenkohlparfait

einfach, braucht Zeit
4 Portionen

- 750 g Rosenkohl
- 2 EL Butter
- 300 ml Hühnerfond (Fertigprodukt)
- Salz
- frisch gemahlener weißer Pfeffer
- frisch geriebene Muskatnuss
- 1 Schalotte
- 150 g Crème fraîche
- 3 große Eier
- Butter für die Form
- $^{1}/_{8}$ l Weißwein

- 1 Kranzform von 1 l Inhalt

Den Rosenkohl putzen und waschen. 500 g Rosenkohl klein schneiden, die kleineren Röschen im Ganzen für die Garnitur beiseite stellen.

1 Esslöffel Butter in einem Topf zerlassen. Den klein geschnittenen Rosenkohl hineingeben, den Hühnerfond angießen und mit Salz, Pfeffer und geriebener Muskatnuss würzen. Zugedeckt 10 Minuten dünsten.

Die Schalotte abziehen und hacken.

Den Rosenkohl abgießen und abtropfen lassen. Mit der Schalotte pürieren. Die Crème fraîche und die Eier unterrühren. Das Püree nach Belieben nochmals mit den Gewürzen abschmecken.

Den Backofen auf 200 °C vorheizen und kochendes Wasser in die Fettpfanne gießen.

Die Kranzform mit Butter ausstreichen und die Rosenkohlmasse hineinfüllen. Im vorgeheizten Wasserbad etwa 40 Minuten garen.

Die restliche Butter zerlassen. Rosenkohlröschen mit dem Weißwein zufügen, mit Salz, Pfeffer und einem Hauch Muskatnuss würzen und zugedeckt 10 Minuten dünsten. Das Rosenkohlparfait aus dem Wasserbad nehmen und 5 Minuten ruhen lassen. Auf eine vorgewärmte Platte stürzen und mit den gedünsteten Röschen füllen.

Nährwerte pro Portion
Kilokalorien 370, Kilojoule 1570, Eiweiß/g 13, Kohlenhydrate/g 7, Fett/g 29, Ballaststoffe/g 6,5

Brokkoliparfait

einfach, braucht Zeit
4 Portionen

- 1 kg Brokkoli
- 40 g Butter
- 400 ml Hühnerbrühe
- Salz
- frisch gemahlener weißer Pfeffer
- frisch geriebene Muskatnuss
- 30 g frische Weißbrotkrume oder Püreeflocken oder 1 kleine Pellkartoffel, durchgepresst
- 1 Bund glatte Petersilie
- 1 Knoblauchzehe
- 4 Eier
- 100 g Crème fraîche
- Butter für die Form

- 1 Kastenform von 1 l Inhalt

Den Brokkoli waschen und putzen. Etwa 200 g kleine Brokkoliröschen zum Garnieren beiseite legen. Den restlichen Brokkoli in Röschen zerteilen und die Stiele klein schneiden.

Das Gemüse mit 30 g Butter, der Hühnerbrühe und den Gewürzen knapp gar kochen. Dann aus der Brühe heben und pürieren.

Brotkrume, Flocken oder Kartoffel einrühren.

Die Petersilie waschen, trockenschütteln und die Blätter fein hacken. Den Knoblauch abziehen und fein hacken. Beides in 10 g Butter dünsten und mit dem Brokkolipüree mischen. Die Eier zugeben und verrühren. Dann die Crème fraîche unterziehen und die Masse mit Salz, Pfeffer und Muskatnuss abschmecken.

Die Kastenform mit Butter ausstreichen und die Gemüsemischung einfüllen.

Im vorgeheizten Backofen bei 200 °C ein heißes Wasserbad vorbereiten und die Form hineinstellen. Das Brokkoliparfait 50 Minuten garen. Wenn die Oberfläche zu bräunen beginnt, einen Streifen gebuttertes Pergamentpapier auflegen.

Inzwischen die restlichen Brokkoliröschen in Salzwasser 6 bis 8 Minuten kochen. Sie sollen weich, aber noch bissfest sein.

Das Parfait zur Garprobe anstechen. Wenn es noch weich oder feucht ist, 10 Minuten länger garen. Dann aus dem Backofen nehmen und 5 Minuten setzen lassen. Das Parfait auf eine vorgewärmte Platte stürzen und mit den Brokkoliröschen garnieren.

Nährwerte pro Portion
Kilokalorien 320, Kilojoule 1320, Eiweiß/g 14, Kohlenhydrate/g 9, Fett/g 23, Ballaststoffe/g 6,1

Das Brokkoliparfait passt hervorragend als Beilage zu Fleischgerichten mit Sauce. Es schmeckt auch als vegetarisches Gericht mit einer Käse- oder Tomatensauce.

Herzhafter Kartoffelpudding

einfach, braucht Zeit
4 Portionen

Form
- 1 EL Butter
- 2 EL Semmelbrösel

Pudding
- 800 g Kartoffeln, mehlig kochend
- Salz
- 1 große Zwiebel
- 2 Knoblauchzehen
- 2 EL Butter
- 1 Bund glatte Petersilie
- 250 g würziger Schnittkäse, z. B. mittelalter Gouda
- 2 Eier
- 1 TL getrockneter Majoran

- frisch gemahlener Pfeffer
- frisch geriebene Muskatnuss
- 1 TL scharfes Paprikapulver
- 2–3 EL Crème fraîche

- 1 Metallform von 1,5 l Inhalt mit Kamin und Deckel

Die Form sorgfältig mit Butter ausstreichen und mit Semmelbröseln ausstreuen.

Die Kartoffeln als Salzkartoffeln kochen, abdämpfen und noch warm durch die Kartoffelpresse drücken.

Zwiebel und Knoblauchzehen abziehen, fein hacken und in der Butter goldgelb dünsten. Petersilie waschen und hacken, Käse fein würfeln, Eier trennen.

Das Wasserbad in einem hohen Kochtopf mit Deckel vorbereiten.

In einer Schüssel den Kartoffelschnee mit Zwiebeln, Kräutern, Käse und Eigelb vermischen und würzig abschmecken. Vorsicht beim Salzen, da der Käse auch Salzgeschmack abgibt! Die Masse mit 2 bis 3 Esslöffel Crème fraîche geschmeidig rühren. Zuletzt das Eiweiß sehr steif schlagen und unterheben.

Die Puddingmasse drei Viertel hoch in die vorbereitete Form füllen und die Form leicht auf dem Tisch aufstoßen, damit keine Luftlöcher bleiben.

Die Puddingform verschließen und in das heiße, aber nicht sprudelnd kochende Wasser stellen. Topfdeckel schließen und den Pudding auf dem Herd 1 1/2 Stunden garen.

Nach Ende der Garzeit die geschlossene Form kurz unter kaltes Wasser halten, öffnen und den Pudding auf einen Teller stürzen.

Dazu passen eine kalte Jogurt-Schnittlauch-Sauce und Salat. Kartoffelpudding eignet sich auch als Beilage zu gekochtem Fleisch, zu Gulasch und anderen Ragouts mit viel Sauce.

Variation

150 g fein gewürfelten geräucherten Schweinebauch unter die Kartoffelmasse mischen. Den Pudding statt in einem Topf auf dem Herd in einem Wasserbad im Backofen garen: gut 1 Stunde bei 200 °C.

Nährwerte pro Portion
Kilokalorien 320, Kilojoule 1320, Eiweiß/g 14, Kohlenhydrate/g 9, Fett/g 23, Ballaststoffe/g 6,1

Fischterrine

Am Vortag zubereiten

braucht Zeit
12 Scheiben

- 400 g parierte Lachsforellenfilets
- 1 TL Salz
- 1 Messerspitze gemahlener Koriander
- frisch gemahlener weißer Pfeffer
- 1 Messerspitze Cayennepfeffer
- 1 Ei
- 450 g Schlagsahne
- 250 g Seeteufelfilet vom dicken Ende
- 2 große oder 4 kleine Mangoldblätter
- Butter für die Form

Sauce

- 50 g Salatrauke oder Kresse
- Saft von 1 Zitrone
- frisch gemahlener weißer Pfeffer
- 300 g Crème fraîche

- 1 Terrinenform von 1 l Inhalt

Die Forellenfilets in Würfel schneiden. In der Küchenmaschine mit Salz, Koriander, Pfeffer und Cayennepfeffer, Ei und 350 g Schlagsahne portionsweise pürieren. Die Masse durch ein feines Sieb streichen. Die restliche Sahne steif schlagen und unter die Masse ziehen. In den Kühlschrank stellen.

Das Seeteufelfilet von allen Häuten befreien. Etwas Salzwasser aufkochen, den Topf vom Herd nehmen und das unzerteilte Seeteufelfilet 2 Minuten pochieren. Herausheben und auf Küchenpapier abtropfen lassen.

Die Mangoldblätter kurz blanchieren, zwischen Küchentüchern trocknen und die Rippen entfernen. Das Fischfilet der Länge nach vierteln und in die Mangoldblätter wickeln. Überstehende Enden abschneiden.

Die Terrinenform mit Butter ausstreichen und mit Alufolie auslegen. Die Forellenfarce zur Hälfte einfüllen, die umwickelten Filets in die Mitte drücken und die restliche Farce gleichmäßig darüber streichen. Die Folie über der Farce zusammenlegen, die Terrine mehrmals auf ein zusammengefaltetes Küchentuch stoßen und mit dem Deckel verschließen.

Den Backofen auf 120 °C vorheizen. Die Terrine im Wasserbad im Ofen ca. 1 Stunde garen.

Die fertige Terrine aus dem Ofen nehmen, abkühlen lassen und über Nacht im Kühlschrank aufbewahren.

Zum Servieren die Terrine mit Hilfe der Folie aus der Form heben. Die Folie abziehen und die Terrine in etwa fingerdicke Scheiben schneiden.

Für die Kräutersauce die Salatrauke waschen, trockenschütteln, grob hacken und mit

Dazu passt Blattsalat, durch eine leichte Vinaigrette gezogen.

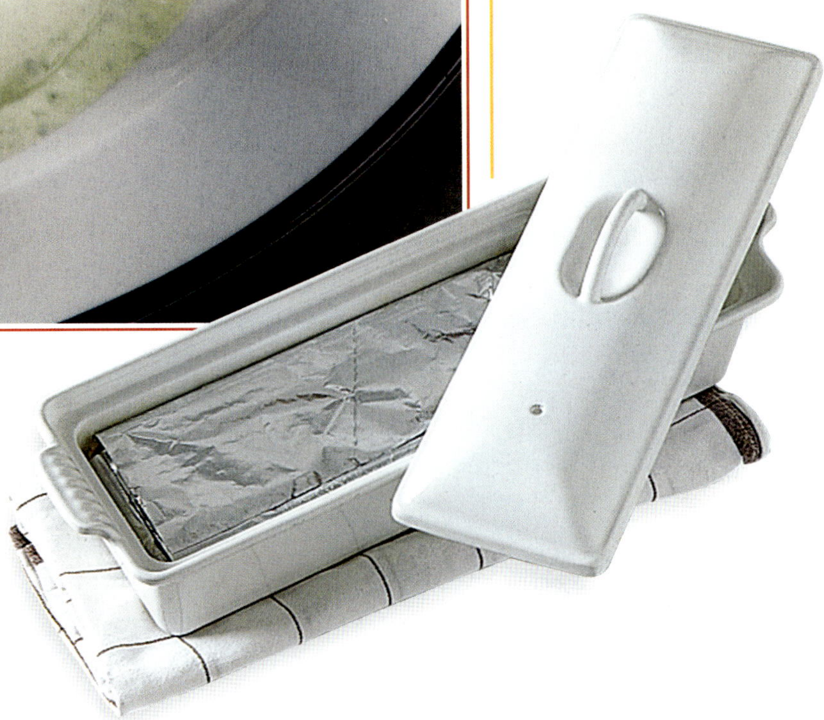

Zitronensaft, Salz, Pfeffer und 1 Esslöffel Crème fraîche im Mixer pürieren. Die Sauce mit der restlichen Crème fraîche aufschlagen.

Je 2 Scheiben Fischterrine und etwas Sauce auf einem Teller anrichten.

Nährwerte pro Portion
Kilokalorien 260, Kilojoule 1080, Eiweiß/g 13, Kohlenhydrate/g 2, Fett/g 21, Ballaststoffe/g 0,1

Haselnuss-Soufflé

einfach, braucht Zeit
8 Portionen

- 50 g Butter
- 50 g Mehl
- ½ Vanilleschote
- 200 ml Milch
- 1 Eiweiß
- 4 Eier
- 80 g gemahlene Haselnüsse
- 1 Messerspitze Zimtpulver
- 70 g Zucker
- Butter für die Förmchen
- Zucker für die Förmchen
- Puderzucker zum Bestäuben

- 8 Souffléförmchen

Die Butter mit dem Mehl verkneten.

Die Vanilleschote längs aufschlitzen und das Mark herauskratzen. Schote und Mark mit der Milch langsam zum Kochen bringen. Dann die Vanilleschote entfernen und nach und nach die Mehlbutter einrühren, bis eine glatte Masse entsteht. Vom Herd nehmen, 1 Eiweiß untermischen und etwas auskühlen lassen.

Die Eier trennen. Das Eigelb in die lauwarme Masse einrühren.

Die Haselnüsse in einer trockenen Pfanne goldbraun rösten und zusammen mit dem Zimt unter die Souffléمasse mischen.

Das Eiweiß steif schlagen, dabei nach und nach den Zucker einrieseln lassen. 1 Esslöffel in die Haselnussmasse rühren, dann die Masse löffelweise unter den Eischnee heben.

Die Förmchen mit Butter ausfetten und Boden und Wände mit Zucker ausstreuen. Die Soufflémasse bis 1 cm unter den Rand einfüllen. Im vorgeheizten Backofen bei 200 °C im Wasserbad 20 Minuten backen.

Die Soufflés aus dem Ofen nehmen, sofort mit Puderzucker bestäuben und servieren.

Nährwerte pro Portion
Kilokalorien 240, Kilojoule 1010, Eiweiß/g 7, Kohlenhydrate/g 17, Fett/g 15, Ballaststoffe/g 0,7

„Soufflé" bedeutet: gehaucht, geblasen. Zu beidem gehört viel Luft und Luft ist auch der ausschlaggebende Bestandteil eines Soufflés. Die Luftbläschen in der Soufflémasse bewirken das Steigen, das Auflaufen, die lockere Konsistenz – oder, wenn sie entweichen, das hoffnungslose Zusammensinken der Speise.

Variation

Die fertigen Soufflés auf Dessertteller stürzen und mit Himbeermark anrichten.

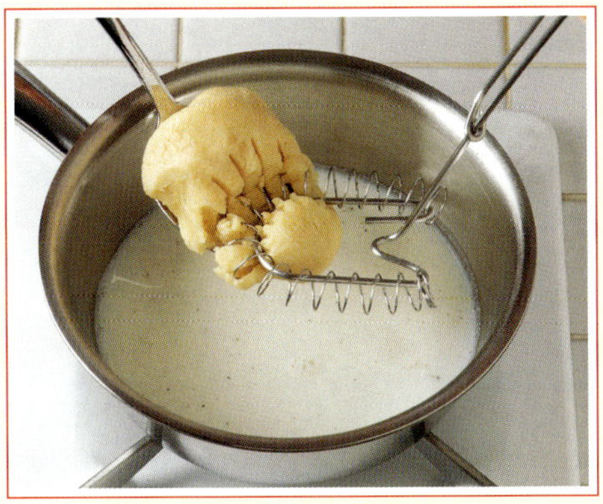

Tipp

Was viele Kochbücher nicht sagen: Vor der Zugabe von Eigelb und Eischnee ist es wichtig, 1 ungeschlagenes Eiweiß in die noch heiße Masse zu rühren. Dadurch fällt das fertige Soufflé nicht so leicht zusammen und bleibt besonders saftig.

Nach Belieben mit geschälten Orangenscheiben anrichten.

Souffliert Orangencrêpes

braucht Zeit
4 Portionen

Crêpeteig
- 50 g Mehl
- 100 ml Milch
- 1 Ei
- 1 EL Öl
- 1 Prise Salz
- 1 Prise Zucker
- Fett zum Backen

Souffléfüllung
- 15 g Butter
- 20 g Mehl
- $^1/_8$ l Milch
- abgeriebene Schale von $^1/_2$ unbehandelten Orange
- 1 Eigelb
- 2 EL Orangensaft
- 2 Eiweiß
- 50 g Zucker

- Butter für das Blech
- Puderzucker zum Bestäuben

Aus den genannten Zutaten einen Eierkuchenteig rühren und 30 Minuten ausquellen lassen.

In einer Pfanne mit 20 cm Durchmesser und mit wenig Fett 4 dünne Crêpes backen. Die Crêpes übereinander stapeln und auskühlen lassen.

Für die Füllung die Butter in einem kleinen Topf zerlassen, das Mehl unterrühren und anschwitzen. Die Milch angießen, die Orangenschale zugeben und den Brei unter Rühren dick einkochen lassen. Den Topf vom Herd nehmen und das Eigelb einrühren. Mit Orangensaft abschmecken.

Das Eiweiß mit dem Zucker steif schlagen und vorsichtig unterheben.

Ein Backblech mit Butter ausstreichen. Jede Crêpe tütenförmig mit 2 Falten auf das Blech legen und mit 2 bis 3 Esslöffel Orangencreme füllen. Die Crêpes im vorgeheizten Backofen bei 180 °C 15 Minuten backen. Zum Servieren leicht mit Puderzucker bestäuben.

Nährwerte pro Portion
Kilokalorien 260, Kilojoule 1070, Eiweiß/g 7, Kohlenhydrate/g 29, Fett/g 11, Ballaststoffe/g 0,5

Zitronensoufflé

einfach, Blitzrezept
6 Portionen

- 200 ml Milch
- 50 g Butter
- 50 g Mehl
- 1 Eiweiß
- 7 cl Zitronensaft
- geriebene Schale von 1 unbehandelten Zitrone
- 4 Eier, getrennt
- 70 g Zucker
- Butter und Zucker für die Förmchen
- Puderzucker zum Bestäuben

- 6 Portionsförmchen

Die Milch aufkochen. Butter und Mehl miteinander verkneten. Die Mehlbutter nach und nach in die Milch rühren, bis eine glatte Masse entsteht.

Den Herd abschalten und das Eiweiß unter die noch heiße Masse rühren. Durch dieses ungeschlagene Eiweiß fällt das Soufflé auch nach dem Garen nicht so leicht zusammen und bleibt besonders saftig.

Zitronensaft und -schale einrühren.

Die Eier trennen und 4 Eigelb nacheinander einrühren. In diesem Stadium kann die Masse mit Folie abgedeckt im Kühlschrank tagelang aufgehoben werden. Vor dem Zubereiten der Soufflés muss nur noch der gezuckerte Eischnee untergezogen werden.

Das Eiweiß mit Zucker steif schlagen. Mit elektrischem Rührgerät zunächst bei niedriger Drehstufe. Zuletzt mit dem Schneebesen durchrühren und ein Drittel davon mit dem Teig vermischen. Eine durch etwas Schnee aufgelockerte Masse ist für den restlichen Schnee aufnahmefähiger. Die Masse mit dem Holzlöffel unter den Schnee ziehen, wobei er nicht restlos verrührt werden muss. Kleine weiße Schneeflöckchen können in der Masse sichtbar bleiben.

Den Backofen auf 200 °C, das Wasserbad auf 80 °C vorheizen.

Die Förmchen mit Butter auspinseln und mit Zucker ausstreuen, sodass Boden und Wände gleichmäßig fein überzogen sind. Die Soufflémasse bis 1 cm unter den Rand der Förmchen einfüllen und ins Wasserbad stellen. Der Wasserspiegel sollte mindestens bis zur halben Höhe reichen. Die Zitronensoufflés 20 Minuten backen.

Nährwerte pro Portion
Kilokalorien 1350, Kilojoule 5670, Eiweiß/g 44, Kohlenhydrate/g 124, Fett/g 73, Ballaststoffe/g 73

Tipp

Weil das Zitronenaroma so intensiv ist, wird der Grundteig mit Milch gekocht. Bei Soufflés mit weniger sauren Früchten kann der Teig statt mit Milch nur mit Fruchtsaft angerührt werden.

Auch das vollkommenste Soufflé fällt mehr oder weniger schnell zusammen. Es sollte aber auch nach längerer Zeit noch so hoch sein, wie es eingefüllt wurde. Das ist ein Zeichen, dass es tatsächlich gar ist.
Ein gegartes, stabiles Soufflé ist luftig und fällt trotzdem nach dem ersten Anstechen nicht gleich zusammen. Allerdings sollten Sie ein Soufflé auf dem Weg vom Backofen zum Tisch vor Zugluft schützen.

Sobald das Soufflé aus dem Ofen kommt, mit Puderzucker besieben und sofort servieren – in diesem Fall müssen die Gäste auf die Küche Rücksicht nehmen, nicht umgekehrt!

Manche Soufflés werden im Wasserbad, andere nur auf dem Gitterrost gebacken, je nachdem wie es das Rezept vorgibt.

Lebkuchensoufflé

einfach, braucht Zeit
8 Portionen

- 50 g Butter
- 50 g Mehl
- 200 ml Milch
- 1 Eiweiß
- 1 TL Zimt
- 1 Messerspitze Nelkenpulver
- 1 Messerspitze Ingwerpulver
- 1 Messerspitze gemahlener Kardamom
- 1 Päckchen Vanillinzucker
- 4 Eier
- 70 g Zucker
- Butter für die Förmchen
- Zucker für die Förmchen
- Puderzucker zum Bestäuben

- 8 Portionsförmchen

Die Butter mit dem Mehl verkneten.

Die Milch zum Kochen bringen und nach und nach die Mehlbutter einrühren, bis eine glatte Masse entsteht. Vom Herd nehmen, 1 Eiweiß, die Gewürze und den Vanillinzucker in die heiße Masse rühren. Etwas abkühlen lassen.

Die Eier trennen. Das Eigelb in die lauwarme Masse einrühren.

Das Eiweiß steif schlagen, dabei nach und nach den Zucker einrieseln lassen. 1 Esslöffel Eischnee in die Soufflémasse rühren, dann diese Masse löffelweise unter den Eischnee heben.

Die Förmchen mit Butter ausfetten und Boden und Wände mit Zucker ausstreuen. Die Soufflémasse bis 1 cm unter den Rand einfüllen. Im vorgeheizten Backofen bei 200 °C im Wasserbad 20 Minuten backen.

Die Soufflés aus dem Ofen nehmen, sofort mit Puderzucker bestäuben und servieren.

Nährwerte pro Portion
Kilokalorien 180, Kilojoule 740, Eiweiß/g 5, Kohlenhydrate/g 17, Fett/g 9, Ballaststoffe/g 0,1

Salzburger Nockerl

einfach
4 Portionen

- 4 Eier
- Salz
- 50 g Zucker
- 1 Vanilleschote
- Schale von 1 Zitrone
- 1 EL Mehl
- Butter für die Form
- Puderzucker zum Bestäuben

- 1 ovale feuerfeste Form von 1 l Inhalt

Die Eier trennen. Das Eiweiß mit 1 Prise Salz halb steif schlagen. Nach und nach den Zucker einrieseln lassen und so lange schlagen, bis sich der Zucker ganz gelöst hat.

Die Vanilleschote der Länge nach halbieren und das Mark herauskratzen. Das Eigelb mit dem Vanillemark, der abgeriebenen Zitronenschale und 2 Esslöffel Eischnee mit dem Handrührgerät schlagen und vorsichtig unter den Eischnee ziehen. Das Mehl darüber stäuben und vorsichtig unterziehen.

Die Form einfetten. Von der Eimasse mit 2 großen Löffeln 4 Nockerl abstechen und nebeneinander in die Form setzen. Im vorgeheizten Backofen bei 180 °C auf der 2. Schiene von unten 10 bis 12 Minuten backen.

Die Form aus dem Ofen nehmen, die Nockerl mit Puderzucker bestäuben und sofort in der Form servieren.

Nährwerte pro Portion
Kilokalorien 200, Kilojoule 840, Eiweiß/g 7, Kohlenhydrate/g 18, Fett/g 10, Ballaststoffe/g 0

Brotauflauf mit Dörrobst

einfach, braucht Zeit
6 Portionen

Brotauflauf
- 100 g Zucker
- 6 Eier, getrennt
- 50 g gemahlene Mandeln
- 30 g Zitronat, fein gehackt
- 30 g Orangeat, fein gehackt
- 1 Messerspitze Nelkenpulver
- 1/2 TL gemahlene Vanilleschote
- 2 Messerspitzen Backpulver
- 100 g geriebenes Schwarzbrot
- 1 Prise Salz
- Butter für die Form

Kompott
- 100 g gemischtes Dörrobst (Zwetschgen, Aprikosen, Äpfel)
- 40 g gemischte Rosinen
- 1 Zimtstange
- 1 Vanilleschote
- 2 Sternanis
- 1/2 l Weißwein

- 1 Kranzform mit 24 cm Ø

Den Zucker mit dem Eigelb schaumig schlagen. Nacheinander die gemahlenen Mandeln, Zitronat und Orangeat, Nelkenpulver, Vanille, Backpulver und das geriebene Schwarzbrot einrühren.

Das Eiweiß mit 1 Prise Salz sehr steif schlagen und zuletzt vorsichtig unter die Masse heben.

Die Form mit Butter ausfetten und die Masse einfüllen. Im vorgeheizten Backofen bei 200 °C ca. 30 Minuten backen.

Inzwischen für das Kompott das Dörrobst mit Rosinen, Zimtstange, der aufgeschlitzten Vanilleschote, Sternanis, Weißwein und 1/2 Liter Wasser in einem Topf langsam zum Kochen bringen. Bei kleiner Hitze ca. 30 Minuten köcheln lassen. Vor dem Servieren Zimtstange, Vanilleschote und Sternanis entfernen.

Den fertigen Brotauflauf 5 Minuten setzen lassen, aus der Form auf eine Platte stürzen und das Kompott dazu reichen.

Nährwerte pro Portion
Kilokalorien 310, Kilojoule 1290, Eiweiß/g 10
Kohlenhydrate/g 41, Fett/g 11, Ballaststoffe/g 4

Tipp

Die zwei- oder dreifache Menge herstellen und die Plumpuddings zu Weihnachten verschenken.

Englischer Plumpudding

Den Teig 2 Tage vorher zubereiten, Kochzeit 8 Stunden, dann 3 Wochen durchziehen lassen.

braucht Zeit
8 Portionen

- 150 g Rindernierenfett
- 150 g Sultaninen
- 150 g Korinthen
- 50 g Orangeat
- 50 g kandierte Kirschen
- 1 kleiner säuerlicher Apfel
- 1 kleine Möhre
- 150 g Semmelbrösel
- 75 g gehackte Mandeln
- 75 g brauner Zucker
- 75 g Mehl
- 1 unbehandelte Orange
- 1 unbehandelte Zitrone
- 2 Eier
- 100 ml Branntwein
- 150 ml Guinness (dunkles Bier)
- 1 Messerspitze Zimt
- 1 Messerspitze Ingwerpulver
- 1 TL Lebkuchengewürz
- 1 Prise Salz
- Butterschmalz für die Form
- Mehl zum Bestäuben

- 12 Stück Kandiszucker
- 50 ml Branntwein

Das Rindernierenfett sehr fein hacken. Die Sultaninen und die Korinthen in einem Sieb unter heißem Wasser gründlich abspülen und abtropfen lassen. Das Orangeat und die kandierten Kirschen hacken. Alles in eine große Schüssel geben.

Den Apfel und die Möhre schälen. Beides in die Schüssel reiben. Semmelbrösel, Mandeln, Zucker, Rindernierenfett, Sultaninen, Korinthen, Orangeat, Kirschen und Mehl dazugeben. Alle Zutaten gut vermischen.

Die Schale der Orange und der halben Zitrone dazureiben, Orange und Zitrone auspressen. Den Saft, die Eier, den Branntwein und das Guinness darüber geben, mit Zimt, Ingwerpulver, Lebkuchengewürz und Salz würzen. Mit den Händen oder den Knethaken des Handrührgeräts gründlich verkneten. Den Teig in einer Porzellan- oder Steingutschüssel zugedeckt 2 Tage im Kühlschrank ruhen lassen.

Dann eine Puddingform reichlich mit Butterschmalz ausfetten und den Teig fest hineindrücken.

Ein Pergamentpapier in der Größe der Puddingformöffnung zurechtschneiden. Das Pergament und die Mitte eines Küchentuchs mit Butterschmalz einstreichen, das Tuch mit etwas Mehl bestäuben. Pergament mit der eingefetteten Seite auf den Puddingteig legen, das Küchentuch mit der bemehlten Seite nach unten darüber legen und am Formrand gut festbinden.

Den Pudding in eine hohe feuerfeste Form stellen und so viel kochendes Wasser angießen, dass die Form zu drei Vierteln im Wasserbad steht. Im vorgeheizten Backofen bei 150 °C 8 Stunden garen, dabei immer wieder kochendes Wasser nachgießen, damit der Wasserstand immer gleich bleibt.

Die Form aus dem Backofen nehmen und abkühlen lassen. Dann Tuch und Papier entfernen und den Pudding aus der Form auf eine dicke Alufolie stürzen. Gut in Folie einpacken und an einem kühlen Ort 3 Wochen ruhen lassen.

2 Stunden vor dem Servieren den Pudding wieder in die Form geben. Die Form verschließen und noch einmal 2 Stunden im Wasserbad kochen (siehe oben).

Aus der Form auf einen großen Kuchenteller stürzen und mit dem Kandiszucker bestecken. Den Branntwein leicht erwärmen und über den Zucker und den Pudding gießen. Anzünden und brennend servieren.

Nährwerte pro Portion
Kilokalorien 200, Kilojoule 840, Eiweiß/g 7, Kohlenhydrate/g 18, Fett/g 10, Ballaststoffe/g 0

Mohr im Hemd

einfach, braucht Zeit
8 Portionen

- 100 g Blockschokolade
- 6 Eier
- 100 g Zucker
- 1 Vanilleschote
- 100 g geschälte Mandeln
- 50 g Semmelbrösel

Zum Garnieren
- 250 g Schlagsahne
- 1 Päckchen Vanillinzucker

- Butter zum Ausstreichen einer Puddingform von 1,2 Liter Inhalt
- feinster Zucker zum Ausstreuen

Die Puddingform mit der weichen Butter sorgfältig ausstreichen und mit dem Zucker ausstreuen.

Die Schokolade hacken und im Wasserbad auflösen. Die Eier trennen und das Eiweiß im Kühlschrank aufbewahren. Die flüssige Schokolade aus dem Wasserbad heben und mit dem Eigelb, der Hälfte des Zuckers und dem ausgekratzten Mark der Vanilleschote schaumig rühren.

Die Mandeln mahlen und mit den Semmelbrösel vermischen.

Das Eiweiß mit dem restlichen Zucker zu steifem Schnee schlagen.

Etwa ein Viertel des Eischnees unter die Schokoladenmasse rühren. Dann den übrigen Eischnee und die Mandel-Brösel-Mischung vorsichtig unterheben. Die Masse in die vorbereitete Puddingform füllen und die Form schließen.

In einen Kochtopf oder eine hohe Form kochend heißes Wasser gießen und die Puddingform hineinsetzen. Der Wasserspiegel sollte bis etwa 2 cm unter den Rand reichen. Die Form im Wasserbad in den auf 175 °C vorgeheizten Backofen stellen. Falls die Form im Wasser tanzt, den Deckel mit einem kleinen feuerfesten Teller beschweren.

Den Pudding 45 bis 50 Minuten garen, dabei darf das Wasser niemals zum Kochen kommen. Nach 45 Minuten mit einem Holzstäbchen prüfen, ob der Pudding gar ist. Wenn das Holzstäbchen klebrig ist, den Pudding weitere 5 bis 10 Minuten garen.

Den fertigen Pudding aus dem Wasserbad heben, die Form öffnen und den Pudding 5 Minuten setzen lassen. Dann stürzen und noch heiß servieren.

Dazu Sahne reichen, die mit Vanillinzucker halb steif geschlagen wurde.

Nährwerte pro Portion
Kilokalorien 200, Kilojoule 840, Eiweiß/g 7, Kohlenhydrate/g 18, Fett/g 10, Ballaststoffe/g 0

Ein traditioneller englischer Pudding im Teigmantel, der im Wasserbad gegart wird. Für die angegebene Menge braucht man eine Puddingform von 1 Liter Inhalt oder eine entsprechend große Eisbombenform, wie sie hier benutzt wird. Weiche Butter für die Form, Papier, Alufolie und Küchengarn.

Apfelhut

braucht Zeit
4 Portionen

Teig

- 225 g Mehl und Mehl zum Verarbeiten
- 2 TL Backpulver
- 1 Prise Salz
- 1 Päckchen Vanillinzucker
- abgeriebene Schale von 1 unbehandelten Zitrone
- 125 g Butter

Füllung

- 600 g Kochäpfel
- 2 EL Zucker
- abgeriebene Schale von 1 unbehandelten Zitrone
- 1 Messerspitze gestoßene Nelken
- 1 TL Zimtpulver
- 3 Löffelbiskuits

- Puderzucker zum Bestäuben

Die Form mit Butter ausstreichen und in den Kühlschrank stellen, damit die Butter nicht am Boden der Form zusammenläuft.

Mehl mit Backpulver, Salz und Vanillinzucker in eine Schüssel sieben. Zitronenschale zugeben. Butter in Flocken unter das Mehl hacken und mit den Fingern abbröseln. 6 bis 8 Esslöffel kaltes Wasser zugeben und alles rasch verkneten.

Das Wasserbad in einem großen Topf vorbereiten.

Den Teig kreisrund und etwa $^1/_2$ cm dick ausrollen. Reichlich Mehl darüber stäuben und die Teigplatte in der Mitte falten. In jede Hälfte eine Falte legen, die zur Mitte spitz zuläuft. Dann die Falten von der Spitze zum Rand hin ausrollen, sodass sich eine Tasche bildet. Mit der Faust in die Teigtasche fahren und sie in die vorbereitete Form heben. Überschüssiges Mehl abwischen.

Für die Füllung die Äpfel schälen, sechsteln oder achteln, entkernen und in dünne Scheiben schneiden.

1 Esslöffel Zucker, Gewürze und Biskuitbrösel untermischen. Den Teigmantel damit füllen und den restlichen Zucker darüber streuen. Die Teigränder anfeuchten, über der Apfelfüllung zusammenziehen und in der Mitte festdrücken.

Die Form mit gebuttertem Pergamentpapier und mit Alufolie wie folgt verschließen: In 1 Blatt Butterbrotpapier 2 im rechten Winkel zueinander stehende Falten legen, etwa 3 cm tief. Das Papier mit Butter bestreichen und die Form damit zudecken.

1 Blatt Alufolie ebenso falten, darüber legen und mit Küchengarn fest zubinden. Weit überstehende Blattenden in Form schneiden.

Den Pudding in das heiße, aber nicht sprudelnd kochende Wasserbad setzen. Die Form soll zu drei Vierteln Höhe im Wasser stehen. Den Kochtopf fest verschließen. Garzeit im heißen Wasser: 2 $^{1}/_{2}$ Stunden.

Den fertigen Apfelhut in der Form aus dem Wasserbad heben und vor dem Stürzen 5 Minuten ruhen lassen.

Zum Servieren mit Puderzucker bestäuben.

Variation

Dieser Pudding kann auch mit einer Mischung aus Äpfeln und Brombeeren, mit Stachelbeeren oder Johannisbeeren gefüllt werden.

Nährwerte pro Portion
Kilokalorien 600, Kilojoule 2530, Eiweiß/g 7, Kohlenhydrate/g 25, Fett/g 69, Ballaststoffe/g 5

Rezeptverzeichnis

A

Anna-Kartoffeln 68
Apfelcharlotte mit heißer Rumsauce 58
Apfelhut 142
Aprikosen-Mandel-Gratin 93
Arabischer Gemüsekuchen mit Huhn 116
Artischockenparfait 127
Auberginen alla parmigiana 40
Auflauf Parmentier 49

B

Bäckerkartoffeln mit Wildkräutern 71
Badischer Zwiebelkuchen 101
Beerengratin mit Zabaione 27
Birnentarte 118
Blattspinatauflauf 47
Blutwurstparfait mit Apfelsauce 126
Brokkoli-Nuss-Soufflé 122
Brokkoliparfait 129
Brokkolitorte 106
Brotauflauf mit Dörrobst 139
Buntes Ofenomelett 25

C

Clafoutis mit Süßkirschen 119
Coquilles Saint Jacques 21
Crème brûlée 95
Crêpes mit Lauch und Käse 22
Crêpes mit Pfifferlingen 18

E

Englischer Plumpudding 140

F

Fischauflauf unter Sahnepüree 48
Fischterrine 132

G

Gebackene Steinpilze 10
Gefüllte Muschelnudeln 86
Gefüllte Orange mit Baiserhaube 96
Gemüsegratin mit Kasseler 68
Gemüsetarte 103
Gratin dauphinois 70
Gratinierte Fischröllchen 78
Gratinierte Miesmuscheln 74
Gratinierte Schnecken 21
Gratinierter Spinat 88
Gratiniertes Fischfilet 20
Gratiniertes Schweinefilet 14
Griechischer Kartoffelauflauf 42
Grießgnocchi römische Art 90

H

Hackfleisch-Ratatouille-Auflauf 44
Haselnuss-Soufflé 134
Heilbutt mit Muscheln überbacken 76
Herzhafter Kartoffelpudding 130
Hühnergratin Malibu 15
Hummer Thermidor 79

K

Kartoffel-Pilz-Gratin 73
Kartoffelauflauf mit Pilzen 37
Kartoffelgnocchi 91
Kartoffelgratin 69
Kartoffelgratin mit weißen Trüffeln 12
Kartoffelrosetten 11
Käsesoufflé 123
Käsewähe 114

L

Lasagne mit Hackfleisch 30
Lasagne mit Lammragout 32
Lauch-Schinken-Kuchen 100
Lebkuchensoufflé 138

M

Maisauflauf 35
Mandel-Rahm-Strudel 62
Mandelschaumäpfel 97
Mohr im Hemd 141
Moussaka mit Paprikasauce 40

N

Nudelauflauf mit Schinken 31

O

Orangengratin 26

P

Petersfisch mit feiner Kruste 74
Pfirsich-Makronen-Auflauf 51
Pflaumen-Rahm-Strudel 64
Pikanter Eierkuchenberg 36
Pilzkuchen 110
Pochierte Eier auf Spinat mit Sauce Mornay 88

Q

Quarkauflauf mit Kräutern und Tomaten 45
Quiche Lorraine 105

R

Rahmäpfel 97
Ravioli mit Käse überbacken 13
Reisauflauf mit Äpfeln 54
Reisauflauf mit Kokosnuss 55
Rhabarbergratin 94
Rigatoni-Auflauf mit Mangold 34
Rosenkohlgratin mit Haselnüssen 85
Rosenkohlparfait 128

S

Sacherauflauf mit Birnen 52
Sahnepüree 48
Salzburger Nockerl 138
Scheiterhaufen 56
Schwarzer Magister 61
Soufflierte Orangencrêpes 136
Spanisches Tomaten-Zucchini-Gratin mit Garnelen 19
Spargelparfait 125
Spinatkuchen 115
Steinpilzsoufflé 122
Süßer Kartoffelauflauf 53
Süßer Nudelauflauf mit Quark 50

T

Tarte 102
Tarte Bordelaise 104
Tarteboden blind backen 102
Tartelettes mit Bries und Pfifferlingen 112
Tellergratin mit Kartoffeln und Pilzen 12
Tellergratin mit Seeteufel und Garnelen 10
Tomaten-Hackfleisch-Torte 108
Topfenpalatschinken 60

Ü

Überbackene Hühnerbrüstchen 81
Überbackene mexikanische Pfannkuchen 84
Überbackene Schinken-Käse-Crêpes 24
Überbackene Schinken-Rahm-Kartoffeln 73
Überbackene gefüllte Pfannkuchen 82
Überbackener Carpaccio 17
Überbackener Chicoreé 86
Überkrustete Filetsteaks 80

V

Venezolanische Kartoffeltorte 113

W

Waldpilzauflauf 38
Wirsingauflauf 43
Wirsingquiche 107
Würziger Grünkernauflauf 46

Z

Zitronensoufflé 137
Zwiebeltorte 110

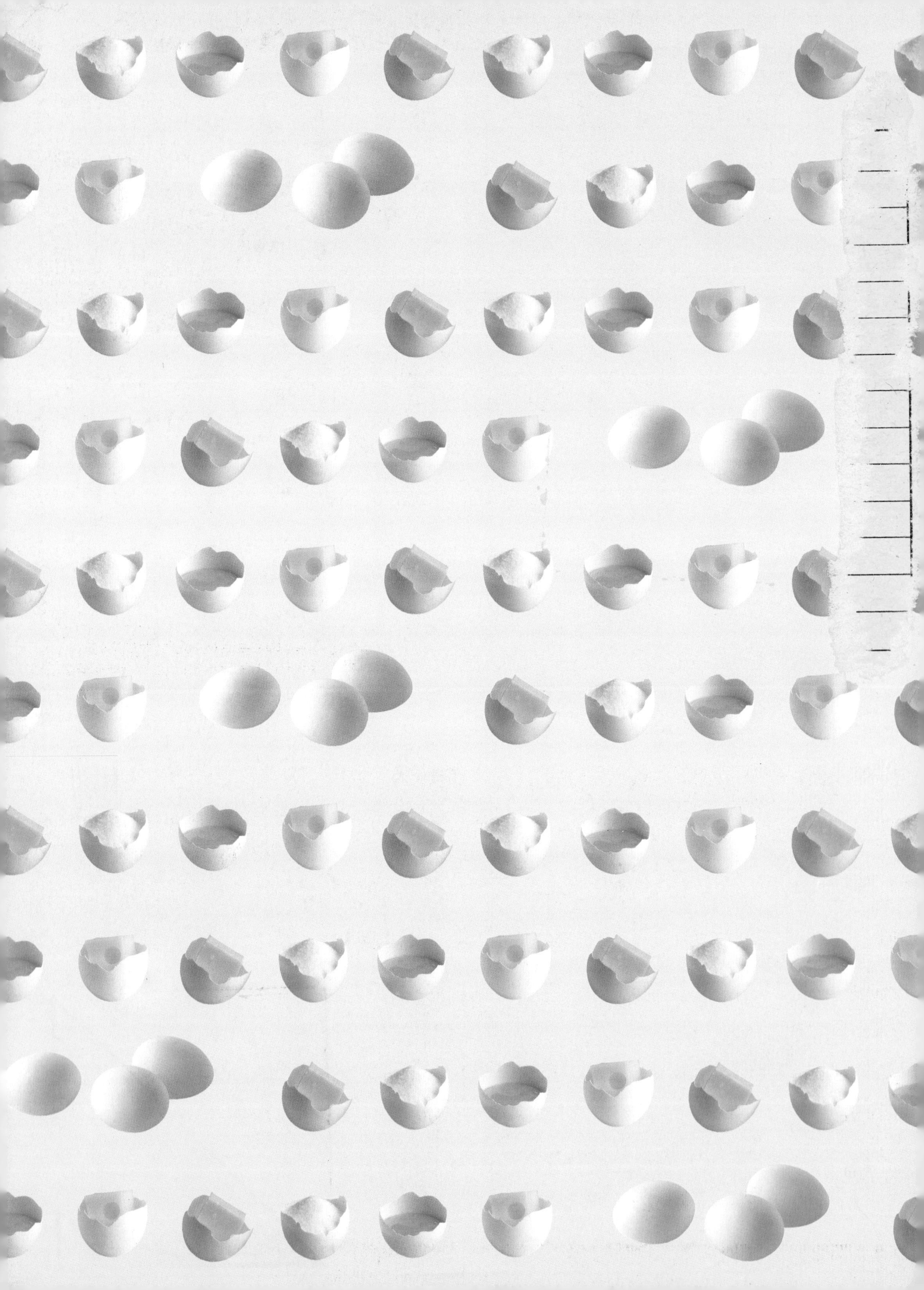